Julia Dibbern

**Die Tyrannenlüge**

Julia Dibbern

# Die Tyrannenlüge

Warum unsere Kinder genau das sind,
was die Welt von morgen braucht

Kösel

MIX
Papier aus verantwortungsvollen Quellen
FSC® C014496

Verlagsgruppe Random House FSC® N001967


Umschlag: Weiss Werkstatt München
Umschlagmotiv: © shutterstock/Peshkova | Bild-Nr. 115560229
© shutterstock/treemouse | Bild-Nr. 404108854
© Illustration WEISS WERKSTATT MÜNCHEN
Außenlektorat: Imke Oldenburg, Bremen
Satz: Uhl + Massopust, Aalen
Druck und Bindung: GGP Media GmbH, Pößneck
Printed in Germany
ISBN 978-3-466-31092-0
www.koesel.de

Dieses Buch ist auch als E-Book erhältlich.

»Wir alle wollen ja den Frieden.
Gibt es denn da keine Möglichkeit, uns zu ändern, ehe es zu spät ist? Können wir es nicht vielleicht lernen, auf Gewalt zu verzichten? Können wir nicht versuchen, eine ganz neue Art von Mensch zu werden? Wie aber sollte das geschehen, und wo sollte man anfangen?

Ich glaube, wir müssen von Grund auf beginnen.
Bei den Kindern.«

*Astrid Lindgren in ihrer Rede anlässlich der Verleihung des Friedenspreises des Deutschen Buchhandels 1978*

***Für Papa***

# Inhalt

**Niemals Gewalt** .......... 13
Es lohnt sich, genau hinzuschauen .......... 16
Generation V: Die Besten der Besten .......... 20
Die schlimme »Jugend von heute« hat Tradition .......... 25
Zwischen Disziplin-Fans und Verwöhneltern .......... 28
Vive la révolution .......... 30

**Die Tyrannenlüge, oder: Das Autowerkstatt-problem** .......... 31
Einzelerfahrungen oder objektive Zahlen? .......... 34
Alternde Automechaniker .......... 36
Kritikpunkte im Einzelnen .......... 39
*Unstabile Familien und kaum Zeit für die Kinder* .......... 40
*Leistungsunwille, Leistungsdruck und Leistungsunfähigkeit* .......... 47
*Medien und Medieneinfluss* .......... 51
*Natur-Defizit-Syndrom* .......... 58
Warum Tyrannenlügen nicht egal sind, oder: Wir brauchen starke Kinder .......... 64
*Die Kinder des Anthropozän* .......... 71
*Mommy Wars* .......... 75

**Der Nordstern** .......... 78
Im Zweifelsfall für das Kind .......... 80
Alle sind richtig .......... 84
Wir brauchen die passende Umgebung .......... 91
Wie entstehen Tyrannen? .......... 91

**Wo wir herkommen, wo wir hingehen** .......... 98
Ausflug in die Geschichte .......... 101
*Sozialisierender Modus (socializing mode)* .......... 104
*Unterstützender Modus (helping mode)* .......... 105
Erwachen aus dem Alptraum .......... 107

**Warum Probleme auftauchen können** .......... 112
Grenzen .......... 115
*Was sind »Grenzen« überhaupt?* .......... 118
*Grenzen achten heißt nicht rumerziehen* .......... 126
*Grenzen erkennen, benennen, kommunizieren* .......... 130
*Verantwortung übernehmen* .......... 133
Kurzfristige Herausforderungen .......... 138
*Hunger* .......... 140
*Müdigkeit* .......... 142
*Bewegung* .......... 144
*Selbstwirksamkeit* .......... 145
*Stressige Umgebungssituationen* .......... 146
Clash of worlds .......... 147
*Was wir tun können* .......... 150

**Ganz praktisch: Leben ohne Tyrannenangst** ......... 154
Vertraue. ........................................ 158
Sieh das Gute! .................................. 159
Nimm nichts persönlich. ......................... 161
Frag nach: Warum? ............................... 162
Wechsle die Perspektive .......................... 163
Nimm an, was ist. ................................ 163

**Revolution!** .................................... 164

**Anmerkungen** .................................. 169

# Niemals Gewalt

Eigentlich ist es alles gesagt. Hundertfach, tausendfach. Und eigentlich braucht es dafür keine Bücher, sondern nur ein paar wenige Worte: Niemals Gewalt!

Wenn wir Frieden und Glücksfähigkeit in der Gesellschaft wollen, dürfen wir unseren jüngsten Mitgliedern, den Kindern, nicht unfriedlich begegnen. Astrid Lindgren drückte das 1948, vor beinahe siebzig Jahren, in der Zeitschrift *Husmodern* ganz einfach aus: »Gebt den Kindern Liebe, Liebe und noch mehr Liebe.« Instinktiv unterschreiben das wohl alle Eltern. Und doch scheint sich seither so wenig geändert zu haben. Deswegen habe ich das Bedürfnis, es noch einmal zu sagen, in anderen Worten, in der leisen Hoffnung, dass dieses Buch wieder ein winziger Tropfen ist, der große Kreise zieht und ein wenig mehr Frieden in die Welt bringt, ein wenig mehr Verständnis, ein wenig mehr Liebe. Weil ich mir sicher bin, dass es das ist, wonach sich letztlich alle sehnen, und weil ich mir ebenso sicher bin, dass das die einzige Möglichkeit ist, wie wir diesen Planeten für Menschen lebenswert erhalten können.

Astrid Lindgren starb 2002, im selben Jahr, in dem mein Sohn geboren wurde, ein halbes Jahrhundert nach ihrer oben zitierten Äußerung über die Liebe. Und auch in dieser Zeit kreisten noch Vorstellungen durch die Köpfe, dass man ein Baby verderben könne, wenn man seine Bedürfnisse befriedigt, dass man Kindern beizeiten Zucht und Ordnung beibringen müsse. Ich registriere dankbar, dass sich seither tatsächlich ein bisschen was geändert hat. Es ist immerhin normal(er) geworden, auf seine Kinder einzugehen und ihre Bedürfnisse zu achten. Allerorten sprießen Familienblogs aus dem Boden, die liebevolles Zusammensein zeigen, und bedürfnisorientierter Umgang mit Babys hat den Einzug in die Mainstream-Zeitschriften geschafft.

Doch gleichzeitig scheint mir eine Gegenbewegung größer geworden zu sein, die nach mehr Zucht und Ordnung ruft. Das ist ein interessantes und ein bisschen beunruhigendes Phänomen. Es hat mit unseren Kindern zu tun und mit den alternativen Fakten, die über sie im Umlauf sind. Damit meine ich Äußerungen, die in der Regel anfangen mit »Den Kindern fehlt heute …«. Dann kommt eine beliebige Eigenschaft, die wir damals angeblich noch in rauen Mengen besaßen: irgendetwas zwischen Antrieb, Bildung und Zielstrebigkeit. Beendet werden diese Sätze in der Regel mit: »… und es wird immer schlimmer«. Kinder und Jugendliche hätten angeblich weder Respekt noch Disziplin oder Lernwillen. Sie seien aufsässig und unzuverlässig, und wir könnten nicht mehr auf sie zählen.

Würde es sich dabei nur um Einzelstimmen handeln, wäre es leicht, sie wegzulachen oder abzutun mit »Lass sie reden«. Leider ist das nicht so. Auf der Suche nach einem passenden Vergleich fragte ich kürzlich meinen Sohn: »Ich brauche etwas, das man einzeln kaum merkt, das nicht gefährlich oder schlimm ist, das aber, wenn es in Mengen auftaucht, unglaublich lästig wird. Fällt dir dazu etwas ein?«

»Fliegen«, antwortete er spontan.

In der Tat passen Fliegen recht gut zu dem, worum es mir in diesem Buch geht. Eine einzelne Fliege kann sogar ganz possierlich sein, wenn sie da so unschuldig auf dem Tellerrand sitzt und sich die Fühlerchen putzt wie ein Kaninchen die Ohren. Aber wehe, die ganze Küche ist voller Fliegen! Und wenn sie dann noch auf meinem Arm für den Fortbestand der Spezies sorgen … Geh mir weg!

In unserer Gesellschaft haben sich vielerorten – Wieder? Immer noch? – völlig veraltete Vorstellungen darüber eingenistet, wie Familienleben sein sollte und was Disziplin und Autorität damit zu tun haben. Mit diesen Ideen verhält es sich ähnlich wie mit den Fliegen: Eine für sich genommen ist harmlos, vielleicht sogar irgendwie putzig. »Onkel Karl ist der Meinung, kleine Kinder sollten erst reden, wenn sie dazu aufgefordert werden, stell dir vor. Witzig, oder?«

Wirklich lästig wird es erst, wenn sie überhandnehmen – die Fliegen ebenso wie solche Gedanken. Dann verspüre zumindest ich den ganz starken Drang, die Fliegenklatsche rauszuholen.

So wie neulich, als sich beim Einkaufen der ältere Herr vor mir bei der Dame an der Kasse über mangelndes Benehmen heutzutage beschwerte. »Hat schon Sokrates gesagt«, habe ich mich – sozial ein wenig unbeholfen, das gebe ich zu – eingeschaltet. »Mit der Jugend von heute ist nichts anzufangen.« Er sah mich irritiert an: »Ich versuche seit dreißig Jahren, denen Benehmen beizubringen.« »Wir waren viel besser«, entgegnete ich, ironietriefend und voll in Fahrt. »Viel.

Alles war bei uns besser. Wir haben nie irgendwas falsch gemacht.« »Wenn Sie meinen.« Immer noch irritiert, zog er von dannen.

Die Kassiererin lächelte. »Das war ein alter Kollege von mir. Es sollte ein Witz sein.«

Oh. »Ähm.«

»Wir witzeln immer miteinander.«

»Ich dachte, er meinte die junge Frau vor ihm.« Ich war etwas zerknirscht. »Ich fahre ja da sofort hoch, wenn jemand über die schreckliche Jugend lästert.«

»Ist ganz richtig so! Was soll das auch? Wir waren schließlich auch mal jung.«

Während ich mein Gemüse einpackte, plauderten wir noch ein wenig, und als ich ging, grinste die Frau, die mit ihrem Vierjährigen hinter mir in der Schlange stand, mich glücklich an.

## Es lohnt sich, genau hinzuschauen

Im Laufe dieses Buches werde ich aufzeigen, wo der Ruf nach mehr Strenge und das Gejammer über die Jugend herkommen, und warum es gerade jetzt, da weltweit so viele Umbrüche stattfinden, enorm wichtig ist, dass wir Eltern uns davon nicht einfangen lassen, sondern uns vom Erziehungs-Katastrophismus fernhalten, so gut es eben geht.

Er nützt niemandem, er schadet nur. Vermutlich hat nie irgendwer ein Buch darüber gelesen, dass die Blagen immer schrecklicher werden und es mit der Welt eh den Bach runtergeht, und danach gedacht: »Endlich weiß ich, dass die Blagen immer schrecklicher werden und es mit der Welt sowieso den Bach runtergeht. Jetzt fühle ich mich gut und kann meinen kleinen Liebling frohgemut vom Fußballtraining abholen.«

Tatsächlich finde ich es höchst problematisch, Eltern pauschal erst mal Inkompetenz zu unterstellen. »Die Kinder werden immer schlimmer« – gerade kürzlich habe ich das wieder in einer der vielen Varianten bei uns in der Zeitung gelesen – ist eine unverschämte und unbegründete Aburteilung. Es ist eine Beleidigung all der Eltern, die sich Tag für Tag darüber Gedanken machen, was das Beste ist, die in einem Dschungel sich widersprechender Ratgeber in sich hineinhorchen und ihr Herz befragen. Es ist eine Beleidigung all der Eltern, die jeden Morgen aufstehen und gemeinsam mit ihren Kindern den Tag anfangen, die Schulbrote schmieren und Turnbeutel kontrollieren und vorlesen und kuscheln und neben dem Handballfeld sitzen. Und es ist auch eine Beleidigung der vielen, vielen wunderbaren Kinder und Jugendlichen, die so freimütig, leichtherzig und konstruktiv mit dieser schrägen Welt umgehen, die wir ihnen in die Hände legen.

Schauen Sie sich spaßeshalber in Ihrem direkten Umfeld um. Ich wette tausend zu eins, dass sich da eine ganze Reihe ganz normaler Kinder tummeln, die mal sanfter und mal wilder sind, mal braver und mal lauter, die die Welt erforschen und dabei vielleicht auch an Grenzen stoßen. Oft höre ich dann: »Ja, die, die ich kenne, sind durchweg nett, aber die *anderen* …«

Die anderen werden auch nicht immer schlimmer, ehrlich nicht. Es sind stets nur ein paar wenige, die durchs Raster fallen – so, wie es zu allen Zeiten war. (Und auch bei diesen gibt es unterschiedlichste Gründe, und man muss fragen: Kommen sie nicht klar, weil sie traumatisiert sind? Oder kommen sie nicht klar, weil sie einer dysfunktionalen Gesellschaft voraus sind? Oder irgendwas dazwischen? Doch dazu später mehr.)

Grundsätzlich würde ich vorschlagen: Behalten Sie Ihre positive Einschätzung bei. Ja, bei Ihnen ist (mit recht hoher Wahrscheinlichkeit) alles in Ordnung. Lassen Sie sich nicht verunsichern – und gönnen Sie es auch den anderen, in Ordnung zu sein.

Das 700-Seelen-Dorf, in dem ich wohne, ist so ziemlich das genaue Gegenteil von einem blassgrünen Charlottenburger Bioladenuniversum. Hier gibt es den Faschingsverein und die Freiwillige Feuerwehr und sehr, sehr unterschiedliche Menschen und Lebensauffassungen. Entsprechend trifft man diverse Kinder und Teenager verschiedenster Couleur. Es gibt welche, die gern auf Brücken klettern, und welche, die gern Geschichten schreiben. Einige backen gern, andere schauen fern oder denken über die Welt nach. Natürlich wischen sie allesamt auch gern auf ihren Geräten herum. Was sie aber vor allem gemein haben, ist: Sie sind großartige, wunderbare junge Menschen. Lebensklug, stark, klar. Und zwar jede und jeder einzelne von ihnen.

Als mein Sohn und seine beiden engsten Freunde zwischen acht und zehn Jahre alt waren, durfte ich oft Zeuge werden, wie sie mehr als den halben Nachmittag damit verbrachten, herauszufinden, was sie spielen wollten. Sie überlegten so lange, bis alle wirklich zufrieden waren. Dabei ging es immer um Konsensentscheidungen, nie darum, dass zwei Wölfe und ein Schaf über das Mittagessen abstimmen. Ich weiß nicht mehr, wie wir in meiner eigenen Kindheit solche Themen gelöst haben, aber ich kann mich nicht daran erinnern, so klar, so bewusst diskutiert zu haben.

Mit relativer Sicherheit kann ich, obwohl ich Sie nicht kenne, sagen, dass es auch bei Ihnen zu Hause sehr schön ist und Sie – im Großen und Ganzen – ein enges und liebevolles Verhältnis zu Ihren Kindern haben. 82 Prozent der Deutschen geben das laut Martin Dornes von sich zu Protokoll. Interessanterweise glauben aber im Gegenzug nur 20 Prozent, dass der Familienzusammenhalt in Deutschland stark sei. Spannend, oder?

Hier 82 Prozent, die eigene Zufriedenheit im Familienleben angeben, dort 20 Prozent, die glauben, dass Familien mit ihrem Zusammenleben zufrieden sind. Da sind sie wieder, diese mysteriösen »anderen«. Glauben Sie dem Katastrophismus nicht. Glauben Sie Ihren eigenen Augen und Erlebnissen.

*82 Prozent der Deutschen geben an, ein enges und liebevolles Verhältnis zu ihren Kindern zu haben.*

Um den Fokus auf das Positive zu stärken, habe ich Eltern befragt, was sie ganz besonders verliebenswert an ihren Kindern finden. Die Antworten darauf lesen Sie als Zitate verteilt in diesem Buch. Eine Bekannte, der ich sie zeigte, sagte dazu: »Oh weh, wenn ich das lese, denke ich: Damit können meine ganz normalen Kinder nicht mithalten.« Das ist nicht der Sinn und Zweck dieser Zitate. Vielmehr geht es mir darum, dass Sie sich einen Moment Zeit nehmen, um zu schauen, was an Ihren Kindern wunderbar ist. Ich bin sehr sicher, das ist eine ganze Menge.

## Generation V: Die Besten der Besten

Der subjektive Eindruck einer jeden einzelnen Familie, dass eigentlich alles ganz prima funktioniert, trügt also nicht. Auch die Ergebnisse der Forschung sprechen dafür. Um unsere Kinder steht es nicht von Jahr zu Jahr schlimmer, sondern immer besser – allen Unkenrufen zum Trotz. Der Zukunftsforscher Horst Opaschowski sprach im Jahr 2009 im Zusammenhang mit den gegenwärtigen jungen Erwachsenen sogar von der »Generation V«, wobei V für Verlässlichkeit, Verantwortung und Vertrauen steht: »Als Pionier sehe ich die jüngere Generation. Ich nenne sie auch ›Generation V‹, weil sie sich auf die Fahnen geschrieben haben, was den Deutschen insgesamt am wichtigsten ist: Vertrauen, Verantwortung und Verlässlichkeit. Dabei muss man beachten, dass es sich um eine Art kalkulierter Hilfsbereitschaft handelt. Es kommt zu Gemeinschaften, die auf Gegenseitigkeit beruhen und nicht auf Nächstenliebe. ›Hilfsbereite Egoisten‹ nenne ich die.«[1] Was ja erst einmal nicht das Schlechteste ist. Seit jeher haben menschliche Gemeinschaften hervorragend auf der Basis der Gegenseitigkeit funktioniert, auch die gern als Beispiel für vorbildliches Zusammenleben herangezogenen Jäger-und-Sammler-Völker. Elizabeth Marshall Thomas etwa beschreibt in *The Old Way* die Praxis des »Geschenkegebens« bei den Ju/wasi, einem traditionell lebenden Volk der Buschleute, bei dem sie lange gelebt hat. (Ju/wasi schreibt man tatsächlich so – der Schrägstrich steht für einen der interessanten Laute in der Sprache der Buschleute, für die wir keine Buchstaben haben.) *Xaro*, so heißt das Geschenkegeben, ist dort ein integral wichtiger Bestandteil der Gesellschaft: »Fast jede Person hatte eine Reihe von Partnern, mit denen er oder sie Geschenke austauschte«, schreibt sie. »Xaro war also eine der wichtigsten sozialen Verbindungen im sozialen Leben, denn eine Xaro-Partnerschaft konnte ein Leben lang anhalten. Jemand gab einem Partner ein Geschenk, Zeit verging, und dann gab der Partner ein Geschenk zurück. (…) In der Zwischenzeit dachten die Partner freundlich aneinander und bereiteten ihre Gegengeschenke mit viel Hingabe, in Vorfreude auf die guten Gefühle, die daraus hervorgehen würden.«[2]

Diese bewusste Ritualisierung erschien mir ein wenig fremd, als ich das erste Mal davon hörte, aber letztlich ist es nichts anderes als das, was meine Nachbarin und ich auch tun, wenn die eine fragt: »Kannst du heute meinen Hund füttern?« und die andere sich einige Tage später erkundigt: »Kannst du heute für mein Kind mit kochen?«. Wir tun das nicht als Ritual, und wir sind uns in den meisten Fällen nicht mal bewusst, dass diese Nachbarschaftshilfe zum sozialen Geflecht beiträgt beziehungsweise dieses ausmacht. Und doch ist es selbstverständlicher und wichtiger Teil unseres Zusammenlebens, unser Bindungsdorf, egal, ob es nun auf altruistischen Motiven beruht oder auf egoistischen. (Ich finde egoistische Motive im Übrigen gar nicht schlimm.) Selbst der unstabilen politischen Weltlage, den immer wieder drohenden Finanzkrisen und dem ganzen unerfreulichen Rest kann man etwas Nettes abgewinnen, wenn man derselben Meinung wie Horst Opaschowski ist: »Im gleichen Maß, wie das Vertrauen in die Finanzmärkte, die Wirtschaft und die Politik sinkt, wächst es im mitmenschlichen Bereich.«

Nun ist es selten sinnvoll, nur eine Quelle zurate zu ziehen. Und vielleicht steht Herr Opaschowski mit seiner positiven Meinung über die »Generation V« ja allein auf weiter Flur? Schauen wir mal.

Wenn ich jemandem erzähle, woran ich gerade arbeite, läuft das darauf folgende Gespräch in der Regel nach einer dieser beiden Varianten ab:

### Variante I

Gesprächspartner: »Und, was schreibst du gerade?«

Ich: »Das Buch heißt *Die Tyrannenlüge*, und es geht darum, dass es gar nicht stimmt, dass unsere Kinder alle immer schlimmer werden und ganz schreckliche Tyrannen sind, und dass es mal langsam Zeit wird, damit aufzuhören, über die schlimme Jugend von heute zu heulen.«

Gesprächspartner (schaut mich verständnislos an): »Wer sagt das denn?«

### Variante II

Gesprächspartner: »Und, was schreibst du gerade?«

Ich: »Das Buch heißt *Die Tyrannenlüge*, und es geht darum, dass es gar nicht stimmt, dass unsere Kinder alle immer schlimmer werden und …« (Sie wissen schon.)

Gesprächspartner: »Das ist ein spannendes Thema.«

Ich: »Ja, oder? Es wird auch ein echt tolles Buch. Ich meine, ganz ehrlich. Niemand hat irgendwelche fiesen, kleinen Tyrannen zu Hause, aber so viele glauben den Unsinn, dass es immer schlimmer wird.«

Und dann geschieht in Gesprächsvariante II meist (in Abwandlungen) das Folgende:

Gesprächspartner: (denkt nach).

Ich: »Dabei haben Erwachsene seit Menschengedenken über die schlimme Jugend genörgelt.«

Gesprächspartner: »Jaaaaa… Allerdings stelle ich selbst im Büro auch fest, dass die jungen Leute heute eine andere Arbeitsmoral haben. Die wollen keine Überstunden mehr machen, sondern lassen abends um sechs den Stift fallen, um ihre Verabredung einzuhalten oder mit ihrer Familie zusammen zu sein.«

Ich: »Ja, coole Prioritäten!«

Gesprächspartner: »Ich weiß nicht… Wenn das jeder…«

Ich: »Denk mal an deinen eigenen Burnout letztes Jahr.«

Gesprächspartner: »Bei uns war das noch anders.«

Ich: »Und? Hat es irgendjemandem genützt?«

Wenn es nicht die Arbeitsmoral ist, ist es die angeblich mangelnde Konzentrationsfähigkeit, der mangelnde Wille, in die Tiefe zu gehen, der mangelnde Respekt… was auch immer. Seit ich das Bildungssystem bewusst beobachte – und das ist seit nunmehr 15 Jahren der Fall – höre ich die Klage, dass Betriebe angeblich keine qualifizierten Auszubildenden mehr finden. Und dass früher alles besser gewesen sei.

Nun mag es so sein, dass es schwierig ist, geeigneten Nachwuchs zu finden, das vermag ich nicht zu beurteilen. Ich weiß aber mit hundertprozentiger Sicherheit, dass ich damals – obwohl gut ausgebildet, hochmotiviert und, so würde ich behaupten, auch einigermaßen schlau – aus heutiger Sicht absolut oberflächlich und schnellschnell gearbeitet, in Pflichtfortbildungen gegen den Schlaf gekämpft habe und dankenswerterweise immer schon Respekt vor Persönlichkeiten statt vor Ämtern hatte. Jugendliche Menschen ticken anders als ältere – und das ist sehr gut so! Nur, wenn wir

Generation für Generation einen kleinen Schritt nach vorn machen, kann sich die Welt verändern. Wäre das nicht so, würden wir uns heute noch mit Mammutknochen auf die Köpfe hauen.

»Bei meinem siebenjährigen Sohn mag ich sehr, wie lieb er mit seinen Geschwistern umgeht. Wie er ihnen vorliest, wie er geduldig jedem seine Ideen zum Spielen freien Raum lässt und das friedliche Zusammenspielen managen kann. Er ruht so in sich. Er ist auch unser Erfinder. Baut ständig Konstruktionen, hegt einen Gemüsegarten. Und schreibt mir manchmal liebe kleine Briefe.« *(Christine)*

Aber, mag die oder der eine oder andere einwenden, heute ist es doch nun mal einfach so, dass die Kinder mehr Medien ausgesetzt sind, dass der tägliche Takt schneller ist, dass die Umwelt vergiftet wurde, die Pornos härter und auch das gegenderte Spielzeug rosafarbener geworden sind. Ist doch klar, dass das Auswirkungen hat. Oder?

Ja, es hat Auswirkungen, aber die sind größtenteils nicht halb so schlimm wie zu vermuten. Ich werde auf einzelne Punkte in weiter hinten folgenden Kapiteln eingehen.

## Die schlimme »Jugend von heute« hat Tradition

Ältere Menschen fanden es immer schon unheimlich, dass jüngere Menschen so anders zu sein scheinen. Die über Jahrtausende eingeschliffenen Vorurteile über die »Jugend von heute« sind stark. So stark, dass ich mich mitunter selbst ertappe, wie ich darauf hereinfalle – obwohl ich die Fakten kenne. Mein Vater zum Beispiel, obwohl durchaus klug und progressiv, fragt manchmal: »Sag mal, war das bei euch auch schon so schlimm?« Ab und zu wackele ich dann tatsächlich voller Bedenken mit dem Kopf und sage: »Nein. Bei uns war das noch ganz anders.« *Anders* bedeutet in dem Fall natürlich *richtiger*. Besser. Dabei ist dieser Eindruck in den seltensten Fällen haltbar. Bis auf – möglicherweise – in Rechtschreibung waren wir damals in keinster Weise irgendwie besser. Meistens erinnere ich meinen Vater dann an die Geschichten, die er mir aus seinen wilden Jugendjahren erzählt hat, und wir lachen gemeinsam darüber.

> »Mein achtjähriger Sohn hat ein Auge für Details und ein sehr gutes Gedächtnis, er spricht mich manchmal auf lange zurückliegende Situationen an und erwähnt dabei Details, die ich ohne ihn vergessen würde.« *(Anna)*

Der Eindruck, dass früher alles besser war, hat auch damit zu tun, dass wir uns natürlich nur an die Highlights erinnern. Wie ein Freund von mir, ich nenne ihn hier mal Jens. Er ist Vater eines wirklich großartigen 17-jährigen Sohnes, der zwar viel Zeit in seinem Zimmer mit Videospielen verbringt, aber durchaus auch mit der kleinen Schwester spielt, der liebevoll und freundlich mit seiner Freundin umgeht und aufmerksam ist zu seiner Mutter. Jens sagte zu mir: »Wir sind früher mit dem Rad durch die Gegend gefahren und haben uns mit Freunden getroffen.« Klar, sind wir. Nur. Den ganzen Tag. »Und heute sitzen die nur noch drin.« Ich würde tausend zu eins wetten, dass Jens ebenso lange Nachmittage vor dem Fernseher oder mit Comicheften verbracht hat wie sein Sohn heute mit Computerspielen.

Oder Carsten, der in Wirklichkeit auch anders heißt. Auch Carsten ist ein Freund von mir. Als Sozialpädagoge betreut er seit Jahren Pflegekinder aus katastrophalen und katastrophalsten Familienverhältnissen. Er hat vermutlich so ziemlich alles gesehen, was man sehen kann. Und Carsten sagt: »Es wird immer schlimmer. Viele Eltern interessieren sich ja gar nicht für ihre Kinder und überlassen die Erziehungsarbeit den Einrichtungen. Und das werden dann so aufsässige Kinder, die sich nichts sagen lassen. Da kann man schon sagen: Das sind richtige kleine Tyrannen.«

»Na ja«, antworte ich dann erst mal schüchtern, bevor ich mich in Rage rede. »Du kennst ja genau wie ein Arzt auf der Intensivstation nur die ganz schlimmen Fälle. Du lebst in deiner Problem-Blase. Ich hingegen kenne jede Menge echt klasse Kinder mit fantastischen Eltern. Außerdem ist Tyrann ein ganz furchtbares und respektloses Wort! Das geht *gar* nicht. Und – das darf man auch nicht vergessen – wir selbst werden ja immer älter und immer spießiger, deshalb erscheint uns manches vielleicht schlimmer als in unserer Jugend, obwohl es das gar nicht ist.« (Ich finde es in solchen

Momenten netter, mich in das Thema Älterwerden mit einzuschließen, obwohl ich 15 Jahre jünger als Carsten und natürlich überhaupt kein bisschen spießig bin, und ich rechne es ihm hoch an, dass er meinen Redeschwall in solchen Fällen nicht unterbricht.)

Ich sage das alles im Brustton der Überzeugung. Aber eine ganz kleine, schüchterne Stimme in mir flüstert manchmal: Was ist, wenn nicht er in der Problem-Blase lebt, sondern ich in meiner Rosa-Brille-Blase? Was ist, wenn das, was wir erleben und was sich so gut und so richtig anfühlt, in Wirklichkeit gar nicht verallgemeinerbar ist? Tut es Kindern am Ende doch besser, wenn man sie ein bisschen an die Kandare nimmt?

Ich wollte wissen, wie es um all die Probleme, die unsere Kinder heute angeblich haben, wirklich steht. Ich wollte Daten, Zahlen, Fakten. Und ich wollte unbestechliche wissenschaftliche Beweise dafür, dass es nicht nur der einzelnen Familie guttut, möglichst die Bedürfnisse aller zu achten, sondern dass das auch der Gesellschaft und letztlich unserem Planeten dient. Denn was bringt es, unsere Kinder liebevoll zu unterstützen, wenn wir ihnen und ihren Kindern einen geschrotteten Planeten hinterlassen?

»Mein Sohn wollte von mir wissen, was für Fragen wohl bei dem anstehenden Kennenlerngespräch am Gymnasium gestellt werden würden. Ich hatte gehört, dass man die Kinder nach ihren Stärken fragt, also sagte ich das meinem Sohn. Am nächsten Tag kam er zu mir. Er habe über die Frage nachgedacht, erklärte er mir und sagte: ›Mama, ich weiß, was meine Stärke ist. Ich bin ein netter Mensch. Nicht so oberflächlich, sondern in meinem Herzen.‹« *(Anuschka)*

## Zwischen Disziplin-Fans und Verwöhneltern

Während der Recherche für dieses Buch fand ich Zahlen: nicht nur reichlich Belege dafür, dass unsere Kinder keinesfalls immer aufsässiger, dicker, dümmer, kränker, frecher, unselbständiger, fauler, hibbeliger, was-auch-immer werden. Ich fand auch eine mögliche Erklärung, warum es oft so scheint, als wäre zwischen den Disziplin-Fans und den begeisterten Verwöhneltern keine Verständigung möglich. Es scheint deswegen so, weil es so ist. Wir können uns gegenseitig nur schwer verstehen, weil wir in verschiedenen Welten leben und unsere grundsätzlichen Annahmen über das Leben nicht kompatibel sind. Ich finde diese Erkenntnis sehr entlastend, und sie hat mich auf einer persönlichen Ebene sanft werden lassen gegenüber denen, die sich die gute alte Zeit zurückwünschen.

Das heißt aber nicht, dass ich nicht gleichzeitig auf einer allgemeineren Ebene sicher bin, dass es Zeit wird, den veralteten Vorstellungen moderne Tatsachen entgegenzustellen, und das entschieden. Stehen wir auf gegen diese Unterstellungen! Wehren wir uns gemeinsam gegen »Früher war alles besser«!

Über die missratene Jugend zu jammern, hilft nicht, und sich nach einem Gestern zu sehnen, das es nie gab, hilft noch weniger. Wir können nur die Situation nehmen, wie sie ist und uns überlegen, was wir damit anfangen und wo wir hin wollen. Denn unsere Kinder leben nicht früher, sie leben *jetzt*, und wir sind jetzt ihre Eltern – in einer Welt, die uns und ihnen im Übrigen von genau den Generationen hinterlassen wurde, die angeblich so viel besser waren. Die Kinder und Jugendlichen sind am allerwenigsten für den Zustand der Welt verantwortlich. Sie nehmen nur das, was wir ihnen überreichen, und machen das Beste daraus – wie es alle Generationen vor ihnen getan haben und vermutlich tun werden, solange es Menschen auf diesem Planeten gibt. Wir sollten uns selbst da nicht so wichtig nehmen.

Das Mindeste, das wir unseren Kindern schulden, ist, ihnen nicht die Fähigkeiten zu beschneiden, die sie in dieser Welt gedeihen lassen und mit denen sie sie vielleicht zu einem schöneren Ort machen.

»Meine Söhne waren beide von Anfang an sehr ›wach‹, dadurch aber auch schnell überfordert und unruhig, vor allem der Große. Neulich waren sie ein paar Tage bei meinen Schwiegereltern, die waren immer von der Fraktion ›Du musst den Jungen auch mal schreien lassen, du darfst doch nicht immer sofort springen, schlafen die immer noch nicht im eigenen Bett, waaas, du stillst immer noch???. Nach den paar Tagen kam meine Schwiegermutter zu mir und sagte mir, wie skeptisch sie immer gewesen sei ob meiner ›Erziehungsmethoden‹, aber dass sie so schöne Tage mit den Enkeln gehabt habe. Sie hätten so eine große innere Ruhe und Sicherheit, seien so aufgeschlossen, neugierig und sozial. Und das sind sie.« *(Melanie)*

## Vive la révolution

Ganz unbescheiden gesagt, bin ich also angetreten, um mit Ihnen und unseren Kindern gemeinsam eine friedliche Revolution anzuzetteln. Kennen Sie das Graffiti-Bild mit dem Wort Revolution, bei dem E und L in Spiegelschrift geschrieben sind? Man muss bei dem Wort Revolution lediglich zwei Buchstaben spiegeln, und schon erscheint das Wort »LOVE« darin. Um nichts weniger geht es hier.

Mein Ziel ist, dass Sie am Ende dieses Buch zuklappen mit dem absolut unerschütterlichen Wissen, dass Sie einen ziemlich guten Job als Eltern machen, dass Ihre Kinder genau richtig sind, so, wie sie sind, und dass niemand auf Methoden aus dem letzten Jahrhundert zurückgreifen muss, um ein entspanntes Familienleben zu haben. Und ich wünsche mir, dass dieses Wissen dann stabil genug ist, auch Phasen zu überstehen, in denen vielleicht nicht alles nach Lehrbuch läuft. Nebenbei nehmen Sie hoffentlich den einen oder anderen Impuls mit, um zu sehen, wenn wirklich eine Schräglage da ist.

Alles ist gut.

# Die Tyrannenlüge, oder: Das Autowerkstattproblem

Zurück zum Ausgangsproblem: dem Zustand der »heutigen Jugend«. Den Missständen. Dem, was dagegen zu tun ist. Wer sollte besser darüber Bescheid wissen als Profis, die mit Kindern zu tun haben? Das scheint sinnvoll, und so handhaben es auch die Medien.

Wenn Redakteure von Zeitungen, Magazinen oder Sendern Sensationsmeldungen zum Zustand der Jugend brauchen, wenden sie sich in der Regel an Experten – was ja auf den ersten Blick durchaus Sinn ergibt. Wenn ich ein Problem mit den Zähnen habe, frage ich den Zahnarzt. Was könnte daran falsch sein?

Ganz einfach: Die Prämisse, *dass* ein Problem da ist, wird oft gar nicht erst hinterfragt.

Würden wir Überschriften wie »Warum immer mehr Kinder beim Computerspiel versagen« oder »Wie Sie Ihre Kinder dazu bringen, mehr Bonbons zu essen« lesen, würde uns das auffallen. Wir würden hinterfragen: Ist das wirklich so? Und falls ja, ist es überhaupt schlimm? Und ist es wirklich nötig, dass Kinder mehr Bonbons essen? In dem Moment aber, wo die Meldungen ein bestimmtes Weltbild stützen, kommen die meisten Leserinnen und Leser gar nicht mehr darauf, genauer hinzuschauen. »Warum unsere Kinder immer fauler werden« lässt die meisten stillschweigend davon ausgehen, dass hier ein Fakt verhandelt wird – was nicht unbedingt den Tatsachen entspricht. Das *Warum* ist bloß eine Ablenkung, das Abrakadabra eines Zaubertricks, während das *Ob* meist völlig unbeobachtet bleibt.

Nehmen wir also an, eine Zeitung braucht für die Wochenendseite noch einen Artikel zu einem Erziehungsthema. Er soll sich bitte gut verkaufen, also ist schnell klar, dass die Regel gilt: *Only bad news are good news*. Unser Redakteur hatte vielleicht am Wochenende Besuch von seiner kleinen Nichte, die nach fünfstündiger Zugfahrt, stundenlangen langweiligen Erwachsenengesprächen und wenig Schlaf in fremder Umgebung nicht besonders gut gelaunt war. Dem Redakteur fällt es also nicht schwer, sein Thema zu finden: »Warum unsere Kinder immer quengeliger werden«. Es muss schnell gehen, der Abgabetermin drängt. Er hat keine Zeit, die Prämisse zu hinterfragen (Werden die Kinder wirklich immer quengeliger?), aber er mag seine Überschrift. Details wird er im Laufe des Artikels erklären. Er sucht sich Experten für Rechercheinterviews, und er wird fündig. Er spricht mit einem Lehrer, einer Psychologin, einem Psychiater. Spezialisten, die sich auskennen.

So, wie sich der Zahnarzt mit kaputten Zähnen auskennt und der Automechaniker an der Ecke mit Keilriemenproblemen. Unser Journalist leistet sogar besonders gründliche Arbeit, und er sucht sich diejenigen Experten, die sich besonders auf Quengelkinder spezialisiert haben. Würde er über die Häufung von Keilriemenproblemen schreiben, würde er eine Werkstatt finden, die sich damit bestens auskennt. Klingt sinnvoll.

Der Journalist befragt also die Menschen in der Werkstatt, wie es so um die Keilriemen in den modernen Fahrzeugen aussieht. Wahrscheinlich würde der Chefmechaniker mit ernstem Gesicht antworten: »In unserer Werkstatt sehen wir das jeden Tag. Es sind mehr und mehr Kunden, die mit Keilriemenproblemen zu uns kommen.« Sein Kollege ergänzt: »Vor allem, seit wir die Anzeige geschaltet haben. Die Leute wissen jetzt, dass wir uns damit auskennen.«

Und genau da liegt das Problem.

»Was ich sehr an meinen Kindern (zehn und zwölf Jahre alt) liebe, ist ihr soziales Engagement und ihre Empathie. Sie können sich super in andere reindenken, mitfühlen und zeigen in verschiedenen Situationen Zivilcourage, machen sich für Schwache stark. Außerdem sind sie wahnsinnig reflektiert, können sich gut wahrnehmen und so ihre Bedürfnisse kommunizieren, haben auch den Mut dazu. Ich finde es klasse, dass sie in der Lage sind, ordentlich Kritik zu üben und dies auch bei Lehrkräften machen.« *(Dorothea)*

## Einzelerfahrungen oder objektive Zahlen?

Die Experten, die unser Journalist zum Thema Quengelkinder befragt, haben wie der Automechaniker ihr Spezialgebiet. Sie kennen sich mit Kindern aus, die – aus welchen Gründen auch immer – *Probleme haben*. Internatsleiter, Psychologinnen und Psychiater sehen – das liegt in der Natur der Dinge – nur wenige »unbeschädigte« Kinder. Deswegen hat eine persönliche Erfahrung aus der Praxis nicht notwendigerweise objektive Aussagekraft. Sie kann, aber sie muss nicht.

Hier lohnt sich das genaue Hinschauen.

Natürlich werden Eltern, die Hilfe suchen, zu jemandem gehen, der sich mit ihrem besonderen Problem auskennt. Und wenn dieser Jemand vielleicht sogar ein Buch darüber geschrieben hat, dann werden umso mehr Eltern in seine Praxis strömen. Aber das geschieht nicht deswegen, weil es mehr »kaputte« Kinder gibt, sondern weil die Praxis spezialisiert ist. Dem Experten scheint es dann so, als gäbe es immer mehr Kinder mit Störung X, denn seine Praxis ist voll mit ihnen. Solange er aber nicht die objektive Datenlage anschaut, wird er nie wissen, ob das auch im Rest des Landes so ist.

Das heißt, persönliche Eindrücke können, selbst wenn sie von überdurchschnittlich kompetenten Experten und Expertinnen kommen, immer nur Bruchteile der Wirklichkeit wiedergeben. Sie sind weder statistisch relevant, noch – und das ist ganz wichtig – lassen sie fundierte Aussagen über den Grund für einen Missstand zu. »Ich sehe in meiner Praxis immer mehr kranke Kinder« bedeutet einfach nur genau das:

einen Anstieg der Anzahl kranker Kinder in einer bestimmten Praxis. Diese Information lässt keine Aussage darüber zu, ob es tatsächlich objektiv gesehen mehr kranke Kinder gibt. Sie lässt ebenfalls zunächst keine Aussage darüber zu, aus welchem Grund – wenn es denn tatsächlich mehr kranke Kinder gäbe – diese in ihrem bedauernswerten Zustand sind.

Das alles interessiert unseren fiktiven Journalisten aber nicht, er hat sein Thema gefunden – und bildet mit der nicht hinterfragten Prämisse gleich auch die Meinung der Leserinnen und Leser mit.

Aus »Warum unsere Kinder immer quengeliger werden« wird dann beim Kaffeekränzchen (oder der abendlichen Walkingrunde) leicht ein »Ich habe das neulich auch erst gelesen, dass das immer schlimmer wird. Die werden immer quengeliger«. Und schon haben wir den Salat.

Erst kürzlich fand sich in unserer Tageszeitung wieder ein »Tatsachenbericht« aus einer der Grundschulen. Eine Lehrerin beklagte darin die Zustände in ihrer Klasse. Respektlosigkeit, Konzentrationsmangel, die üblichen Verdächtigen. Natürlich wesentlich schlimmer als »früher« – wann immer *früher* genau war. Bei genauerem Lesen erkannte man, dass es sich um einige wenige Schüler in ihrer Klasse handelte, die aus dem Rahmen fielen. Natürlich ließen dennoch die Leserbriefe nicht lange auf sich warten, die begeistert verkündeten: »Kein Einzelfall!«

Ist das so? Ich will kurz ein *Früher* meiner Wahl näher beleuchten. Das Früher, in dem mein Vater ein Kind war. Ein Kind, dessen Lehrer den Schülern mit dem Rohrstock den Hintern versohlte, wenn sie nicht spurten, und der für Frechheit und mangelnde Unterordnung schlechte Zensuren verteilte. Ob dieser Lehrer das tat, weil die Schüler durchweg konzentriert und ruhig arbeiteten? Und ob sie ihn dafür respektierten?

Das Früher meines Vaters ist hinsichtlich der Geisteshaltung ein ähnliches Früher wie jenes, das im *Struwwelpeter* beschrieben wird. Das, wo es den Zappel-Philipp gibt, der nicht stillsitzen kann, und den Hans Guck-in-die-Luft, der sich durchs Leben träumt. Paulinchen, die das Haus anzündet und dabei versehentlich verbrennt, und den Suppen-Kaspar, der aus Bockigkeit seine Suppe nicht aufisst und verhungert. Tja, wären sie mal brav gewesen, dann wäre ihnen das nicht passiert.

## Alternde Automechaniker

Schauen wir mal im Detail, wie das mit all den Problemen ist, die Kinder und Jugendliche angeblich heute haben und die sie in einer nicht näher definierten Zeitspanne namens »früher« nicht hatten. Selbst bei den objektiven Zahlen muss man aufpassen: Es gibt unterschiedlichste Arten von Studien, in unterschiedlichster Qualität. Und die Zahlen, die wir wollen, sollten besser unanfechtbar sein. Je größer die Experimentalgruppe, desto besser – ein Merkmal einer aussagekräftigen Studie. Drei oder auch dreihundert Patientinnen und Patienten in einer einzigen Beratungspraxis reichen nicht, um allgemeingültige Aussagen zu treffen, solange man keine Vergleichswerte hat. Man braucht nicht nur einen wissenschaftlich haltbaren Studienablauf, sondern auch eine genügend große Experimentalgruppe, die möglichst heterogen sein sollte. Eine Verhaltensstudie, die in Hamburg durchgeführt wurde, erfüllt diese Bedingungen. Im Rahmen der Studie wurden 1335 zufällig ausgewählte Kinder untersucht.

Das Ergebnis war erschreckend: Weit über die Hälfte der Kinder, 61 Prozent nämlich, zeigten Formen von Zappeligkeit (Hypermotorik), Konzentrationsproblemen, ticartigen Störungen, Schlafproblemen, wiederkehrenden Schmerzen, Nägelkauen oder Einnässen. 61 Prozent. Viel, oder? Man könnte da eine Nachricht draus drehen und über die sozialen Netze jagen. Aber warten Sie kurz, bevor Sie das tun.

Ich halte mich für durchaus weitestgehend gesund, und dennoch kann auch ich mich nicht konzentrieren, wenn ich die Steuerunterlagen zusammensuchen muss. Und ich habe Schlafprobleme, wenn ich über etwas nachgrübele. So etwas ist nicht notwendigerweise pathologisch. Ebenso sah das der Studienleiter, G. A. von Harnack. Er hielt nicht jede Auffälligkeit für behandlungsbedürftig. So fiel auch seine Endbeurteilung entsprechend aus. 16,3 Prozent der Kinder stufte man als *mäßig*, 3,7 Prozent als *ausgeprägt verhaltensgestört* ein. Als öffentlich diskutierte Gründe für mögliche Störungen nannte von Harnack: »›Reizüberflutung‹, ›Beschleunigung‹, ›eine verplante Kindheit‹, den ›Autoritätsverlust der Eltern‹ sowie natürlich die Medien.« Wo von Harnack Symptome fand, sprach ein Kollege davon, dass man zu keiner Zeit derart viele »kleine Tyrannen« gesehen habe.[3]

Der Name von Harnack sagt Ihnen so gar nichts? Kein Wunder, denn mit Medien waren keinesfalls Computer oder Smartphones gemeint, sondern »Comic Books und illustrierte Zeitschriften«[4], und seine Studie stammt aus dem Jahr 1958.

Die Harnack-Studie ist nur eine der unzähligen Studien und Fachaufsätze, die der Frankfurter Psychologe und Soziologe Martin Dornes für sein Buch *Die Modernisierung der Seele* zurate zog (sehr empfehlenswerte Lektüre für alle, die an dieser Stelle tiefer einsteigen möchten).

Er kam, ganz grob heruntergebrochen, zu dem wissenschaftlich untermauerten Schluss: Es wurde immer schon über die Jugend gejammert. Immer schon wurden Kinder als zappelig und unkonzentriert wahrgenommen, und immer schon haben Erwachsene darüber geklagt, dass es mit der Welt bergab geht. Und dafür müssen wir gar nicht bis zu Sokrates zurückgehen, der gesagt haben soll: »Die Jugend liebt heutzutage den Luxus. Sie hat schlechte Manieren, verachtet die Autorität, hat keinen Respekt vor älteren Leuten und schwatzt, wenn sie arbeiten soll. Die jungen Leute stehen nicht mehr auf, wenn Ältere das Zimmer betreten. Sie widersprechen ihren Eltern, schwadronieren in Gesellschaft, verschlingen bei Tisch die Süßspeisen, legen ihre Beine übereinander und tyrannisieren ihre Lehrer.« Wikipedia ist sich nicht ganz sicher, ob diese Äußerung von Sokrates oder Platon stammt, wir können aber davon ausgehen, dass das Gejammere über die Jugend von heute mindestens zweitausend Jahre alt ist.

Aber auch der Blick in unsere relativ nahe Vergangenheit zeigt, dass sich die Tyrannenwarner in guter Tradition befinden. 1907 beklagte sich der Philosophie- und Pädagogikprofessor Friedrich Paulsen darüber, dass die nötige Disziplin aus Schule und Familie durch liberal gesonnene Mütter und reformpädagogische Einflüsse verdrängt worden sei. Softie-Mütter waren also auch damals schon schuld am Niedergang der Welt.[5]

Warum ist das so?

Warum behaupten seit Menschengedenken Erwachsene – meist alte Männer –, dass die Jugend immer schlimmer wird? Der Soziologe Martin Dornes hat eine verblüffend einfache Antwort darauf, und sie entspricht dem, was ich meinem Freund Carsten gesagt habe: Menschen werden immer starrer und unspaßiger, je älter sie werden.

Also. Wie ist es wirklich?

»Etwas, das ich an meinem Sohn sehr wunderbar finde, ist, dass er absolut ruhig und unaufgeregt er selbst ist und ›sein Ding‹ macht. Er schaut genau, was ihm guttut, wägt ab, entscheidet - und zieht das dann durch, ohne zurückzuschauen.« *(Katharina)*

## Kritikpunkte im Einzelnen

»Falls es in eurer Umgebung Menschen gibt, die behaupten, es würde immer schlimmer mit der Jugend – woran machen die das fest?«, habe ich kürzlich auf Facebook gefragt.

Zusammengefasst bekam ich die folgenden Antworten. Angeblich

- seien die Kinder und Jugendlichen von heute nicht mehr so leistungswillig und fleißig,
- sei die Jugend politisch desinteressiert und ungebildet,

- läsen die Kinder heute nicht mehr, sondern hingen nur noch bei YouTube,
- hätten die Kinder keinen Respekt mehr vor der Obrigkeit, fielen oft aus dem Rahmen und wahrten keine Grenzen,
- stellten die Jugendlichen auf nervtötende Weise alles in Frage und diskutierten alles aus,
- hätten die Kinder keinen Halt und keine Orientierung mehr zu Hause, weil die Eltern ihren Job nicht erledigten (also den Erziehungsauftrag!).

Und so weiter. Sie sehen, wo ich hin will. All diese angeblichen Verfehlungen und Unzulänglichkeiten haben, wenn man der problemorientierten Literatur glauben darf, natürlich ihre Ursache in mangelnder Disziplin und Führung.

## Unstabile Familien und kaum Zeit für die Kinder

Ein Punkt, der immer wieder als Problem genannt wird – ein Problem, das auch ich sehe und beim ersten Betrachten unterschreibe – besteht darin, dass die Familienstrukturen unbestreitbar flexibler und unstabiler geworden sind. In den letzten fünfzig Jahren haben wir ein neues Rollenverständnis von Frau und Mann erlangt – nicht eine Minute zu früh, wenn Sie mich fragen! Frauen müssen nicht mehr aus wirtschaftlichen Gründen in lieblosen Ehen oder Beziehungen verbleiben. Wir haben uns auch bildungsmäßig emanzipiert und gehen selbstverständlich gleichberechtigten Berufen nach, und wir bestimmen über den Zeitpunkt, an dem wir Kinder bekommen wollen, selbst. Dazu noch ist die Gesellschaft sehr mobil geworden. Nur noch selten wohnen junge Familien in der Nähe der gewachsenen Großfamilie.

Das alles könnte man für heranwachsende Menschen als problematisch werten. Und vielleicht ist es das. »Großfamilien mit zahlreichen Kindern und Verwandten sind zu Kleinfamilien mit ein oder zwei Kindern und nur noch lockeren verwandtschaftlichen Beziehungen geschrumpft. Die Scheidungsrate ist in den westlichen Ländern innerhalb weniger Jahrzehnte von 5 auf bis zu 50 Prozent angestiegen …«.[6] Remo Largo schreibt in *Das passende Leben*, die für das Wohlbefinden der Kinder so wichtige Stabilität und Kontinuität in der Betreuung habe abgenommen. Die Zahl vertrauter Bezugspersonen ist kleiner geworden, die Anzahl unvertrauter Betreuer jedoch gestiegen.

Das ist nicht gut, vor allem, wenn man sich vergegenwärtigt, dass Menschen eigentlich dafür gemacht sind, im Clan zu leben.

*Der Mensch ist – aus evolutionärer Sicht – für ein Leben in der Gemeinschaft geschaffen. Menschen jeden Alters wollen sich geborgen fühlen, verlässliche Beziehungen mit vertrauten Menschen eingehen und in einer Umgebung leben, der sie sich zugehörig fühlen.* Remo Largo[7]

Unstabile Familiensituationen, fehlende Bindungen. So weit, so nicht gut. Das wollen wir nicht. Wir wollen ja, dass es unseren Kindern gutgeht. So wie damals, in Bullerbü, als alles besser war.

Denn auf den ersten Blick scheint es selbstverständlich – zumindest mir erschien es so –, dass in dieser Beziehung früher wirklich alles besser war (wann immer »früher« genau anzusiedeln ist). Nicht so viele Scheidungen, und die Eltern (vor allem die Mütter) hatten viel mehr Zeit für ihre Kinder und waren nicht so abgehetzt und durchgetaktet.

Erinnern Sie sich an das, was ich eingangs über nicht hinterfragte Prämissen schrieb? »Kinder hatten damals in ihrer Familie mehr Halt, weil die Gesellschaftsstrukturen nicht so viel Vielfalt und Selbstverwirklichung zuließen.« Das wäre ein klassisches Beispiel für eine solche Aussage, die wir ohne kritische Betrachtung akzeptieren würden. Die meisten von uns werden zustimmen, dass wir heute unglaubliche Möglichkeiten der Lebensgestaltung haben und sozusagen eine gewisse Instabilität gleich mitgeliefert bekommen. Aber stimmt der Kausalzusammenhang? Ich frage daher an dieser Stelle: *Hatten* Kinder wirklich mehr Halt? *Waren* die Bindungen besser? *Hatten* die Eltern mehr …

… Zeit?

Martin Dornes weist darauf hin, dass es auch heute selbstverständlich Einzelfälle gebe, in denen Kinder vernachlässigt und alleingelassen würden, dass aber Historiker klar der Meinung seien, die berufliche Beanspruchung der Eltern sei in »weiten Teilen der Bevölkerung« früher eher höher gewesen als heute.

Michels Welt in Lönneberga liest sich schön – aber haben die Eltern wirklich jemals Zeit für die Kinder? Mehr als heute? Oder die Frau-an-den-Herd-Nachkriegsmutter, die dafür sorgen musste, dass das Haus fein geputzt war, wenn der Mann von der Arbeit nach Hause kam?

*Eltern und Kinder brauchen Zeit, um überhaupt als Familie existieren und sich als solche erfahren zu können. Die Qualität des Zusammenlebens von Familien ist untrennbar verbunden mit den zeitlichen Ressourcen, zeitlichen Verpflichtungen und Zeiterfahrungen ihrer Mitglieder. Familien benötigen Zeit, damit emotionale Bindungen, Vertrauen und wechselseitige Fürsorge entstehen und aufrechterhalten werden können.*[8]

Als Kind hatte ich einen Freund, Christian. Bei Christian zu Hause war es tatsächlich so, dass alles ordentlich sein musste, wenn der Vater von seiner Arbeit im mittleren Management nach Hause kam. Die Kinder hatten ihm Zeitung und Pantoffeln zu bringen – ich denke mir das nicht aus! – und ansonsten nicht weiter zu stören. Für Christians Mutter lag der Fokus entsprechend eher darauf, dass ihre Kinder funktionierten als darauf, sie zu verstehen oder gar mit ihnen durch den Wald zu stromern. Nicht wirklich *quality time.*

Tatsächlich verbringen Eltern heute mehr Zeit mit ihren Kindern als noch in den 1980er-Jahren, und die Zeit, die beide in direkter Kommunikation verbringen, wird von den meisten Kindern als ausreichend erachtet. Je nach Studie sind es nur zwischen zehn und zwanzig Prozent der Kinder und Jugendlichen, die sich mehr Zeit mit ihren Eltern wünschen[9] – wobei »Zeit« ein etwas schwammiger Begriff ist und auch über die Jahre variiert. Eine Vierjährige wünscht sich etwas anderes als ein Dreizehnjähriger, logisch. Dennoch finde ich es hilfreich, sich die verschiedenen Wünsche einmal bewusst zu machen, die Kinder in Bezug auf Zeit haben.[10] Sie wünschen sich:

- aktiv miteinander genutzte, qualitativ hochwertige Zeiten im Familienkreis (Spiele, Gespräche, Unternehmungen),
- bloße Anwesenheitszeit der Eltern im Hintergrund (Eltern bei Bedarf erreichbar),
- Zeiten, in denen die Eltern Anteil an den Erlebnissen der Kinder nehmen,
- Versorgungs- und Begleitzeiten durch die Eltern (zum Beispiel Mahlzeiten, Wegbegleitung) sowie
- strikt elternfreie Zeiten (freies Spielen, Alleinsein).

Wie wertvoll einfach nur zusammen verbrachte Zeit ist, zeigt ein Studienergebnis aus Island. Island hatte in den 1990er-Jahren eine, wie die Isländer fanden, alarmierend hohe Anzahl von 14- bis 16-Jährigen, die rauchten, tranken oder Drogen nahmen. »Zu dem Zeitpunkt hatte es bereits alle möglichen Präventionsprogramme gegeben«, sagt Inga Dóra, die Forschungsassistentin bei der Datenerfassung war. »Die meisten basierten auf Bildung.« Die Kinder wurden vor den Gefahren von Alkohol und Drogen gewarnt, aber diese Programme funktionierten nicht. »Wir wollten mit einem anderen Ansatz herangehen.« Diesen Ansatz lieferte Professor Harvey Milkman, der seit vielen Jahren über Drogenprävention forscht. Mit seiner Hilfe machte sich ein kleines Land im Norden auf, einen anderen Weg zu wagen. Gesetze wurden geändert und ein landesweiter Plan namens *Youth in Iceland*[11] entwickelt: Keine Werbung für Alkohol oder Tabak mehr, Alkohol kann man erst ab 20 Jahren kaufen, Tabak ab 18. Was aber an dieser Stelle viel entscheidender ist: Man holte die Eltern ins Boot. »Die Verbindung zwischen Eltern und Schule wurde durch Elternorganisationen gestärkt, die es per Gesetz in jeder Schule geben muss (…). Man ermunterte die Eltern dazu, sich Vorträge darüber anzuhören, wie wichtig es ist, anstatt der gelegentlichen *quality time* eine Menge Zeit mit ihren Kindern zu verbringen, mit den Kindern zu sprechen, die Freunde zu kennen und die Kinder abends zu Hause zu haben.«[12]

Heute gehören Islands Jugendliche zu den »saubersten« in Europa. Berichteten 1998 noch 42 Prozent der 15- und 16-Jährigen, sie seien im vergangenen Monat betrunken gewesen, waren es 18 Jahre später nur noch fünf Prozent. Bereits gekifft hatten lediglich sieben Prozent (1998: 17 Prozent), und nur noch drei Prozent gaben an, täglich zu rauchen (1998: 23 Prozent).

Ich arbeite ja von zu Hause aus und schiebe meine Arbeit immer irgendwie so hin, dass Kinderbedürfnisse, Haushalt, Katz und Hund den Platz finden, den sie brauchen (meist zu Ungunsten des Haushalts). Wir sind also recht gut versorgt, was »bloße Anwesenheitszeit der Eltern« angeht. Aber wie machen das Leute, die aushäusig arbeiten, habe ich mich manchmal gefragt.

Der *Siebte Familienbericht* des Bundesministeriums für Familie, Senioren, Frauen und Jugend[13] (Das heißt wirklich so! Man muss sich diesen Namen mal sorgfältig auf der Zunge zergehen lassen!) kam 2006 zu dem Schluss, dass berufstätige Mütter kaum weniger Zeit mit ihren Kindern verbringen als nicht berufstätige. Die fehlende Zeit wird eher vom Partner oder vom Haushalt (Ich bin nicht allein!) abgezogen.

Wenn Familien sich heute unter Stress fühlen – und ich weiß, dass das oft so ist –, dann liegt es also zumindest nicht daran, dass objektiv weniger Zeit da ist als früher. Eher, und das ist nicht nur meine Vermutung, hat es auch damit zu tun, dass wir sie anders aufteilen. Dass Arbeit und Freizeit oft nicht mehr strikt voneinander getrennt sind, sondern durch ständige Erreichbarkeit ineinander übergehen, und dass die Arbeitszeiten unregelmäßiger geworden sind. Zwischen 1990 und 2005 ist die Zahl der Menschen, die »angeben, gelegentlich außerhalb der regulären Arbeitszeit arbeiten zu müssen, von 40 % auf 60 %« gestiegen.[14]

Das ist also etwas, wo wir ein wenig aufpassen müssen, diese Vermischung zwischen Arbeitszeit und Freizeit. Aber das hat einfach mit Achtsamkeit zu tun. Mit Im-Moment-Sein, mit der Entscheidung für die Familie jetzt und die Firma gleich. Hier haben wir es tatsächlich schwerer als die Elterngenerationen vor uns, die ohne Smartphones und Internet arbeiteten. Ansonsten scheint es uns im Großen und Ganzen – zumindest im Vergleich zu »früher« – ganz gut zu gehen, was die Zeit angeht.

Und wie ist das mit den vielen …

… Scheidungen?

Sind die nicht ein Zeichen dafür, dass wir alle nicht mehr bindungsfähig sind und das an unsere Kinder weitergeben?

Als ich 15 war, hatte ich eine Freundin, die allein mit ihrer Mutter aufwuchs, Anja. Ich fand das sehr exotisch damals, aber Anja und ihrer Mutter ging es sehr gut miteinander. Auch in unserer Klasse in der Grundschule gab es einen Jungen, dessen Zuhause nur aus ihm und seiner Mutter bestand. Er kam oft zu spät zur Schule, weil der Wecker kaputt war, das weiß ich noch. Und er trug kaputte Hosen.

Das waren Dinge, die ich wertfrei registrierte – es war einfach so. Ich erkannte mit meinem Kinderkopf natürlich noch nicht, dass der Junge ein Paradebeispiel aller Probleme und

Vorurteile war, mit denen Alleinerziehende angeblich zu tun haben: Dauerstress, Überforderung, prekäre Lebenssituation. Die Praxis zeigt – doch das wäre ein Thema für ein anderes Buch –, dass es Kindern in Einelternfamilien in der Regel nicht schlechter geht als ihren Altersgenossen in anderen Familienkonstellationen. Es spielen immer noch so viele andere Faktoren hinein.

Und die zunehmende Anzahl der Scheidungen und Trennungen ist kein Indiz dafür, dass die derzeitige Elterngeneration etwa »nicht bindungsfähig« ist, sondern viel eher dafür, dass Mütter nicht mehr so abhängig sind wie früher und dass Partner heute nicht mehr um jeden Preis zusammenbleiben, sondern genauer schauen, was gut für sie ist.

Martin Dornes fasst zusammen, dass weder die gestiegenen Scheidungsraten noch die sinkenden Geburtenzahlen unbedingte Indizien für Bindungsschwäche oder Auflösung der Familie sind. Eher würden die Menschen heute in Beziehungen mehr kommunizieren und aneinander teilnehmen – eigentlich ein gutes Zeichen –, aber eben auch mehr voneinander erwarten. Heutige Eltern-Kind-Beziehungen werden von allen Beteiligten überwiegend (und mehr als früher!) als befriedigend wahrgenommen. Auch hier also: kein zu erwartender Untergang des Abendlandes.

## Leistungsunwille, Leistungsdruck und Leistungsunfähigkeit

Wir wollten früher noch was leisten, klar. Wir waren alle superheiß drauf, die binomischen Formeln und die unregelmäßigen französischen Verben auswendig zu lernen und …

Sie können sich hoffentlich vorstellen, wie meine Nase mit jedem Buchstaben wächst? (Wobei ich die binomischen Formeln und das Einmaleins tatsächlich gern mochte, aber an den Alkalimetallen bin ich kläglich gescheitert.)

Mit dem Leistungsdruck und seinen Geschwistern, dem Leistungsunwillen und der Leistungsunfähigkeit, ist es sehr lustig. Je nachdem, wen man zu welchem Zeitpunkt fragt, und wer welche Maßstäbe anlegt, sind die Kinder heute überfordert, unterfordert, wollen nicht, wollen zu viel, können weniger, können mehr als vorangegangene Generationen. Es ist schwierig, sich an dieser Stelle eine Schneise durch den Dschungel der sich widersprechenden Fakten zu schneiden.

Auf den ersten Blick scheint es zum Beispiel, als sei der Leistungsdruck wirklich groß. Das Einschulungsalter wurde in den letzten Jahren herabgesetzt und in die Kindergärten haben Englischstunden und Mathecomputer Einzug gehalten. Aber ist das wirklich Zeichen eines Leistungsdrucks, der »früher« nicht dagewesen ist? Haben wir das kleine Einmaleins in der dritten Klasse wirklich deswegen gekonnt, weil kein Druck da war?

Ganz ehrlich: Ich weiß nicht, was stimmt. Ich weiß nicht einmal, ob Druck unbedingt schlecht sein muss, solange die Beziehungen stimmen. Steht ein Fünfjähriger, der begeistert seine Englisch-CD aus dem Kindergarten lernt, weil er die Englischlehrerin so mag, unter Leistungsdruck? Oder spielt er? Es kommt dabei immer darauf an, ob ein Kind sich die Aufgaben freiwillig sucht oder dazu gezwungen wird. Druck und Disziplin, die man sich selbst sucht, sind nichts Verwerfliches, sondern können zu Exzellenz und damit eben auch zu großem Glück führen.

Und wie ist es mit der Aussage »Die können heute nichts mehr«? Festgemacht wird diese Behauptung in der Stammtischdiskussion selten an konkreten Zahlen, aber oft in den Raum geworfen werden Einmaleins und vor allem Rechtschreibung. Interessant dabei ist, dass Rechtschreibung nach Meinung einiger Bildungsforscher tatsächlich so ziemlich das Einzige zu sein scheint, wo unsere Kinder ihren Altersgenossen von »früher« hinterherhinken. Sie haben einen größeren Wortschatz und können sich besser ausdrücken, nur eben nicht so gut rechtschreiben. Das wird in der Regel – machen Sie beim nächsten Großfamilientreffen mal das Experiment! – einem zu laschen Unterricht und der »modernen Kuschelpädagogik« vorgeworfen. (Sie sehen, wie widersprüchlich das Ganze ist. Zu viel Leistungsdruck, zu wenig Leistungsdruck …) Die logische Konsequenz daraus ist dann der Ruf nach mehr Autorität und Disziplin. Was dann wieder zu mehr Leistungsdruck führen würde, der auch nicht toll wäre.

»Ich finde Auswendiglernen ziemlich langweilig. Ich mag es lieber, Sachen zu verstehen.« *(Fred, 15)*

Damit Sie Stammtischargumenten beim nächsten Mal lächelnd gegenübertreten können, möchte ich an dieser Stelle einen kleinen Ausflug in die Funktionsweise des menschlichen Gehirns unternehmen. Heben Sie dazu Ihre rechte Hand etwa auf Höhe Ihrer rechten Schulter und machen Sie eine Faust, Daumen nach innen. Sie haben jetzt ein perfektes, sehr handliches Modell des Gehirns.[15]

Ihr Handgelenk und die Ballen repräsentieren den Hirnstamm beziehungsweise das **Reptiliengehirn**. Von hier werden Reflexe und die grundlegenden Lebensfunktionen gesteuert: Atmen, Essen, Verdauen, Bewegung, Revierabsteckung, Paarungsdrang.

Ihre Finger, die sich um den Daumen legen, symbolisieren den evolutionsbiologisch jüngsten Teil, das **Neomammalia-Gehirn**, das für logisches Denken und Lösungsfindung ebenso verantwortlich ist wie für Freundlichkeit, Empathie und Fürsorge.

Ihr Daumen steht für das **Säugetiergehirn oder emotionale Gehirn**. Hier findet die Steuerung unserer Gefühlswelt statt, es aktiviert Lachen, Weinen, Wut, Angst, Freude. Und es dient als Gedächtnisfilter. Bevor Informationen im Langzeitgedächtnis gespeichert werden, passieren sie diesen Teil des Gehirns, im sogenannten Mandelkern (Amygdala). Bei Gefahr oder Bedrohung sendet der Mandelkern eine entsprechende Botschaft an den Hypothalamus, der dann die Ausschüttung von Stresshormonen auslöst, um den Körper für Kampf oder Flucht vorzubereiten.

An der Kante des Daumens in Ihrem handlichen Gehirnmodell, über dem Ballen, wäre der Hippocampus angeordnet. Er ist in Bezug auf Lernen besonders wichtig, denn er sorgt dafür, dass im Gedächtnis sozusagen alles im richtigen Regal abgelegt wird. Fällt der Hippocampus aus, kann auf Gelerntes nicht mehr zugegriffen werden. Und er fällt in dem Augenblick aus, in dem Stresshormone das Gehirn fluten.

Egal, ob eine wahre Gefahr vorhanden ist oder nicht, in dem Moment, wo der Mandelkern eine Gefahr erkennt (zum Beispiel durch angstverzerrte oder aggressive Gesichter in der Umgebung), sorgt der Hypothalamus für die Ausschüttung von Stresshormonen und – zack – können wir nicht mehr auf unser fein säuberlich abgelegtes Wissen zugreifen.

Allein schon aus diesem Grund sollten wir uns als Eltern sehr klar positionieren, wenn das nächste Mal jemand nach mehr Strafen in Klassenräumen ruft. Strafen machen Angst – und Angst hilft nicht beim Lernen. Im Gegenteil: Angst blockiert das Gehirn.

Die Schlüssel beim Lernen sind Freiwilligkeit und Beziehung. Spaß. Gute Gefühle. Wenn das stimmt, ist gegen Druck nichts einzuwenden, und dann macht er auch nicht krank. Schwierig wird es erst in dem Augenblick, wo Stress ins Spiel kommt. Wer kennt nicht die klassische Situation, wenn in einer Prüfung auf einmal »alles weg« ist? Wenn die Motivation und gegebenenfalls auch der Ehrgeiz jedoch vom Lernenden selbst ausgehen, können sie weit führen. Ich bin die Allerletzte, die sich keine Exzellenz wünschen würde, doch diese ist wesentlich effektiver zu erreichen, wenn diejenigen, die sie anstreben, dies aus eigenem Antrieb tun, als wenn sie durch Strafen und Disziplinierungen erzwungen werden soll.

## Medien und Medieneinfluss

»Früher«, sagte ich, »früher war das anders. Bei uns. Wir haben noch draußen gespielt.« Mein Sohn war zu dieser Zeit, wenn ich mich recht erinnere, zwölf oder dreizehn Jahre alt. »Den ganzen Tag haben wir draußen gespielt. Nur.« (Die aufmerksame Leserin erkennt an dieser Stelle, dass mein Bekannter Jens nicht allein mit seiner Theorie ist.) Meine Nachbarin Karen ist Leiterin einer Kindertagesstätte und gleichzeitig die ökigste, untechnisierteste Person, die ich kenne. Als ich obigen Satz zu ihr sagte, zog sie fragend die Augenbrauen hoch: »Ist das so?«

»Sicher. Heute hocken die die ganze Zeit vor ihren bescheuerten Geräten«, entgegnete ich, die Tatsache ignorierend, dass mein Sohn gerade mit seinen Freunden mit dem Hund unterwegs war.

»Ich habe in dem Alter stundenlang ferngesehen«, sagte Karen gelassen.

Als sei dadurch meine Erinnerung an die wahren Umstände zugelassen worden, wusste ich wieder: Zwar habe ich in dem Alter nicht stundenlang ferngesehen (das habe ich dann einige Jahre später getan), aber es gab bei uns ein großes Kaufhaus mit einer wunderbaren Buchabteilung. Neben dieser Buchabteilung befand sich die Süßigkeitenabteilung. Dort konnte man Kuhbonbons kaufen. Lose. Und Macadamia-Nüsse in Schokolade. Und Haribos.

Ich verbrachte viele, sehr viele Stunden meines jungen Lebens damit, mich mit einer Süßigkeitentüte in die Buchabteilung zu setzen, zu stellen, zu hocken und dort Hanni-und-Nanni-Bücher im Akkord zu inhalieren. Ich weiß nicht, ob das gesundheitsförderlicher (oder bildungsförderlicher) ist als die englischen Serien, die mein Sohn dreißig Jahre später ähnlich exzessiv konsumiert hat.

Diese persönliche Erfahrung passt sehr gut zu dem, was wissenschaftliche Forschungen ergeben haben:[16] »Longitudinalstudien, die den Mediengebrauch von Jugendlichen und den Umgang der Eltern damit untersuchen«, schreibt Martin Dornes, »kommen regelmäßig zu dem Ergebnis, dass die Erwachsenen im Rückblick feststellen, sie hätten sich sowohl über den Umfang als auch über die Inhalte des Medienkonsums übertriebene Sorgen gemacht.« Und obgleich die Jugendlichen zum Teil kompetenter mit den Medien sind, ist dennoch der elterliche Umgang damit stärker prägend als der in der Gleichaltrigengruppe.

Das bedingt natürlich, dass der Grundton in der Familie respektvoll und liebevoll ist – und auch entsprechende Orientierung geboten wird.

Der entsprechende Eintrag im *Handbuch Familie* zu diesem Thema[17] stammt aus dem Jahr 2007 – wurde also geschrieben, bevor iPads und Smartphones Einzug in die Kinderzimmer hielten. Ist das ein Problem? Verändert sich dadurch die Grundaussage? Schauen wir in den Jahrtausenden zurück, wage ich vorsichtig zu sagen: Ich glaube nicht. Immer gab es Gründe zu vermuten, dass es dieses Mal mit den Medien (welchen auch immer) wirklich schlimm werden und es mit der Jugend den Bach runtergehen werde. Schon Platon hat – ironischerweise – geschrieben, dass das geschriebene Wort zum Verfall des Geistes führen werde. Das klang damals so: »Diese Erfindung wird der Lernenden Seelen vielmehr Vergessenheit einflößen aus Vernachlässigung des Gedächtnisses, weil sie im Vertrauen auf die Schrift sich nur von außen vermittels fremder Zeichen, nicht aber innerlich sich selbst und unmittelbar erinnern werden. Nicht also für das Gedächtnis, sondern nur für die Erinnerung hast du ein Mittel erfunden, und von der Weisheit bringst du deinen Lehrlingen nur den Schein bei, nicht die Sache selbst. Denn indem sie nun vieles gehört haben ohne Unterricht, werden sie sich auch vielwissend zu sein dünken (…).«[18]

Gerade gestern sprach ich mit einer Freundin, die derzeit eine Fortbildung macht. »Ich habe festgestellt, dass ich im Vergleich zu den Jüngeren besser lernen kann«, hat sie gesagt. »Die googlen alles.« Platon hätte vermutlich gesagt: »Die schreiben alles auf.«

So schnell geht es nicht bergab mit der Menschheit. Das Internet ist nur ein neuer Spielplatz. Was nicht heißt, dass wir uns diesen Spielplatz nicht aufmerksam anschauen sollten, bevor wir unsere Kinder dort spielen lassen. Und auch schauen, wie es unseren Kindern geht, wenn sie sich dort aufhalten, keine Frage.

Was wir vor allem brauchen, ist ein Gegengewicht, echtes Leben, echte Erfahrungen mit echten Menschen, am besten draußen in der Natur. Und hier kommt meine Wahrnehmung vom Anfang dieses Kapitels ins Spiel: »Früher waren wir noch draußen.« Ich weiß nicht mal, ob das haltbar ist. Ich weiß aber, dass unsere Kinder es heute umso dringender brauchen, je mehr sie mit elektronischen Geräten umgeben sind.

Ich habe Internet-Brain. Ich brauche keinen Fachmann, um meine Hirnströme zu vermessen und mir das zu diagnostizieren. Ich weiß auch so, dass ich mich, seit es Social Media gibt, schlechter konzentrieren kann als früher. Und dass meine Hand im Dreiminutentakt zum Handy zuckt, wenn ich es nicht bewusst im Auto lasse oder im Nebenraum an die Ladestation hänge.

Mit dieser ganz persönlichen Erfahrung kann ich sagen: Nein, ich glaube nicht, dass es Kindern guttut, unbegrenzt und unkontrolliert Medien zu nutzen. Und bei uns im Haus findet das auch nicht statt. Es ist ein ständiges Aushandeln und Überlegen, was wann richtig ist und wer sich ab wann nicht mehr wohlfühlt. Es ist nicht einfach. Aber es bringt nichts, das böse Internet auszusperren und zu tabuisieren. Es ist da. Smartphones und Tablets sind da, freies WLAN in jeder Kleinstadt ist da. Das ist der neue Spielplatz, und wir müssen damit umgehen lernen. Es nützt nichts, darüber zu jammern. Bespielen wir ihn!

Bespielen wir aber auch umso engagierter den großen Spielplatz, der vorher da war, der uns klug und gesund erhält: die grüne Welt da draußen. Richard Louv, Wildnisexperte und Autor des Bestsellers *Das Prinzip Natur*, spricht in diesem Zusammenhang von einem *hybrid mind*, einem hybriden Bewusstsein. »Die beste Vorbereitung auf das 21. Jahrhundert ist vielleicht eine Kombination von natürlicher und virtueller Erfahrung«, schreibt er und berichtet dann von einem Ausbilder für junge Kapitäne. Dieser hat ihm zwei Arten von Studenten beschrieben: einmal die, die die elektronische Steuerung dank unzähliger Videospielstunden in Nullkommanichts beherrschen, und dann die, die viel Zeit in der Natur verbracht haben und ein viel besseres Gefühl für das Schiff und seine Umgebung besitzen. Wir bräuchten aber Leute, die beides beherrschen, also ein »hybrides Bewusstsein« haben.[19]

Ungeachtet dessen, was »wir brauchen«, ist ein derartiges *hybrid mind* auch das, was meiner Meinung nach am tragfähigsten ist für die Zukunft – und das, was am glücklichsten macht. Die Digitalisierung geht nicht wieder weg. Setzen wir ihr etwas entgegen und genießen wir beides.

Wir müssen achtsam sein, ja. Wir müssen, wenn es um Medien geht, genau auf unsere Grenzen achten und unsere Kinder schützen, ja. Wir müssen ein Gegengewicht schaffen, ja. Aber wir brauchen uns nicht über alles und jedes so viele Sorgen zu machen. Nicht mal über …

…Pornos!

Echt nicht. Ich finde es auch ganz und gar schrecklich, dass Pornos mit einem Klick an jeder Ecke zu haben sind, und das Beziehungsbild, das dort vermittelt wird, ist unter aller Sau. Keine Diskussion darüber, wir sind uns einig.

Aber auch an der Stelle gilt: Es nützt nichts, darüber zu jammern. Das Ekelzeug verschwindet nicht, wenn wir drüber heulen, und je mehr es uns triggert, desto spannender wird es für unsere Kinder. Drüber reden, ja. Erklären, ja. Und ich finde: auch verbieten und das kontrollieren. Ja. Aber dabei auch wissen, dass alles Reden und alles Verbieten nicht wahnsinnig viel gegen Neugierde ausrichten kann.

Die gute Nachricht dabei ist: Das echte Leben ist zum Glück stärker. Die zu Hause gelebten Werte und Beziehungsmuster sind viel, viel wichtiger und stärker als die in der Regel kurzzeitige Faszination mit den unerfreulichen Inhalten.

»Ich will nicht, dass mein Sohn so einen Dreck sieht«, habe ich eines Tages gejammert, als ich erkannte, wie entsetzlich schnell man an wirklich sehr hässliche, sexuelle Darstellungen herankommt. Und wie dramatisch das Ganze enden kann. (*Kann!*) Soundsoviel Prozent der Jugendlichen, las ich, seien gar nicht mehr in der Lage zu richtigen Beziehungen, weil sie pornoverdorben seien. Das wollte ich nun wirklich gar nicht.

Und dann dachte ich an das Lied von Reinhard Mey, in dem er erzählt, wie sein Freund und er als Teenager heimlich »Schmuddelheftchen« angeschaut haben. Und ich dachte daran, wie meine Freundin, deren Tochter vier Jahre älter ist als mein Sohn, vom Elternabend erzählte, auf dem zahlreiche nette Väter darüber sprachen, dass sie mit zwölf oder dreizehn Jahren auch »so eine« Phase hatten. Ich dachte an die Jugendlichen im Bekanntenkreis, die lange, tiefe, liebevolle Beziehungen pflegen.

Ich atmete durch. Ich würde nicht verhindern können, dass ihm früher oder später Pornos über den Weg liefen. Aber ich konnte verhindern, dass ich ihnen durch Angst Macht gab.

Auch an dieser Stelle möchte ich Ihnen gern fernab von eigenen Anekdoten einige Fakten nennen, die Martin Dornes zusammengestellt hat:

- »Daran gemessen, wie leicht zugänglich auch Hardcore-Pornos sind, machen sich Jugendliche enorm wenig daraus.«[20]
- Mediale Darstellung von Sexualität hat wenig Einfluss auf die Wirklichkeit.[21]
- Bereits vor der Pubertät wird die Struktur des sexuellen Verlangens durch nichtsexuelle Beziehungserfahrungen ausgebildet.[22]

Worauf Dornes vor allem Wert legt, ist die Erkenntnis, dass auch Pornokonsum natürlich nicht im luftleeren Raum stattfindet. »Nicht nur die Medien machen etwas mit den Menschen«, schreibt er, »sondern in erster Linie die Menschen etwas mit den Medien.« Und: »Die Persönlichkeit sucht sich die zu ihr passenden ›Reize‹ stärker, als dass die Reize die Persönlichkeit (ver)formen.«[23]

Auch hier gilt also wieder: Wach bleiben, achtsam bleiben, in Kontakt bleiben. Reden, da sein, lieb haben, im Zweifelsfall dreimal mehr drüber reden und Lösungen finden – aber nicht in Panik verfallen.

## Natur-Defizit-Syndrom

Ist also alles eitel Sonnenschein? Wenn das Früher gar nicht besser war, können wir uns dann nicht einfach zurücklehnen und freuen?

Nicht ganz.

Denn nur, weil das Leben für Kinder (und Familien) früher in den meisten Bereichen schlechter war, heißt das ja nicht, dass es nicht noch besser werden könnte, an manchen Stellen sogar besser werden muss, damit wir überleben und diesen Planeten auch als lebenswerten Ort erhalten können.

Ein Punkt, der uns vor einer oder zwei Generationen noch nicht so bewusst war, ist, dass wir die Natur brauchen. Heute mehr denn je. Im Kapitel über die Mediennutzung habe ich es bereits angedeutet: Wir brauchen den direkten, unmittelbaren und unverfälschten Kontakt zur Natur umso mehr, je technisierter unsere Welt wird.

> *Stellt euch eine Welt vor, in der alle Kinder mit einem tiefen Verständnis für das Leben um sie herum aufwachsen. Wo wir alle die Tiere und Pflanzen in unserem Hinterhof genauso gut oder besser kennen als den Regenwald im Fernsehen. Wo wir immer mehr Natur erfahren, je technisierter unser Leben wird. (...) Wo wir uns lebendiger fühlen.* RICHARD LOUV[24]

Richard Louv hat 2005 in seinem Buch *Das letzte Kind im Wald* den Begriff »Natur-Defizit-Syndrom« geprägt und bezeichnet damit eine Vielzahl von durch unsere Entfremdung zur Natur entstehenden Verhaltensproblemen. »Natur« ist kein

Luxus, etwas, das irgendwie mal am Wochenende ganz nett ist. Vielmehr haben wir Menschen den größten Teil unserer Geschichte in direktem Kontakt mit der Natur gelebt – und bevor wir sesshaft wurden, auch lange als Teil der Natur. Sie war damals nichts Fremdes und Feindliches, sondern unser Wohnzimmer, unser Zuhause.

Es wird Zeit, dass wir uns einen Teil dieser Verbindung wieder zurückholen, und das fängt damit an, dass Eltern keine Angst haben vor der Wildnis »da draußen«. Wir können unseren Planeten mit all dem bunten und vielfältigen Leben auf ihm nur dann erhalten, wenn wir ihn als erhaltenswert wahrnehmen. Und dazu müssen wir ihn *kennen*, denn man kann nichts lieben, was man nicht kennt.

Louv[25] zählt fünf Aspekte auf, die für uns heute besondere Herausforderungen darstellen:

1. **Verstädterung ohne Natur**
   Seit 2008 leben, wie Louv schreibt, erstmals in der Geschichte der Menschheit mehr Menschen in Städten als auf dem Land, wobei das Problem nicht die Städte selbst sind, sondern die Tatsache, dass dort – egal, ob in Häusern, Arbeitsplätzen oder Schulen – oft aufgrund schlechter Planung wenig Natur vorhanden ist. Dadurch werden »Stadt« und »Natur« in einer Weise gegensätzlich, die nicht notwendig wäre, und die Natur wird zu etwas Fremdem.

2. **Kultur der Angst**
   Einige der Punkte, die Louv unter diesem Aspekt nennt (zum Beispiel durch die Medien verstärkte Angst vor Fremden, Angst vor Gerichtsverfahren und Unfällen), sind in seinem Heimatland USA noch stärker ausgeprägt als hier

in Europa, aber auch bei uns greift vielerorten die Angst um sich – und damit der Wunsch vieler Eltern, eine möglichst vorhersehbare, risikoarme (also künstliche) Umgebung zu erschaffen.

3. **Glaube an Technik als Rettung**
Schon kleine Kinder gehen heute selbstverständlich mit technischen Geräten wie Tablets oder Smartphones um – das ist nicht per se ein Problem. Probleme entstehen, wenn wir glauben, dass Bildschirme uns Lösungen geben können, die anderweitig vielleicht einfacher und besser erreichbar wären. Und natürlich trägt die durch stundenlanges Starren auf Bildschirme verursachte körperliche Passivität nicht zum Wohlbefinden bei. Wir müssen darauf achten, dass wir Natur und Technik ausbalancieren – und mit unseren Kindern hinaus in die Natur gehen, solange wir selbst noch nicht zu verbildschirmt sind, um das zu tun.

4. **Kulturelle Abwertung der Natur**
»Große Teile der Gesellschaft«, schreibt Louv, sehen Zeit, die Kinder in der Natur mit ungeplantem, freien Spiel verbringen, nicht mehr als »pädagogisch wertvoll«, sondern einfach nur als etwas, das ganz nett, aber nicht notwendig ist. Erst in den letzten Jahren fängt das Blatt an, sich zu wenden, und immer mehr Forscher sprechen sich dafür aus, dass der Aufenthalt in der Natur Kindern auch kognitiv guttut.

5. **Der postapokalyptische Blick auf die Zukunft**
Louv schreibt, und ich stimme ihm zu, dass die Natur in der öffentlichen Wahrnehmung (und der medialen Darstellung) im Moment oft feindlich ist. Katastrophenfilme, dystopische Romane – stets wird die Natur dabei als »das Andere« gesehen, etwas Bedrohliches, und nicht als das Zuhause, das sie eigentlich sein könnte. Dazu trägt natürlich bei, dass jedes der drei großen Umweltprobleme (Klimawandel, der Zusammenbruch der Artenvielfalt und die Entfremdung der Kinder von der Natur) für sich schon überwältigend erscheint.

Aber es ist noch nicht zu spät. Wir können noch eine positive Vision für eine »naturreiche« Welt erschaffen. Das kann ganz klein und privat anfangen, oder es kann groß und offiziell sein.

In meinem und Nicola Schmidts Buch *Slow Family* erzähle ich die Geschichte meiner Freundin, deren damals achtjähriger Sohn eine Schmetterlingspuppe fand. Er baute einen Baum aus Legosteinen und hängte die Puppe daran. Meine Freundin sagte nichts dazu, sondern bereitete sich einfach nur innerlich darauf vor, irgendwann ihr Kind trösten und die vertrocknete Puppe entsorgen zu müssen. Aber – absolut unerwartet für sie – eines Tages konnte sie tatsächlich gemeinsam mit ihrem Sohn beobachten, wie der Schmetterling schlüpfte. Noch Jahre später sprach der Junge davon.

Mein Sohn war nur wenig jünger, sechs oder sieben, als wir eine Radtour ins Nachbardorf unternahmen. Unterwegs trafen wir eine Bekannte. »Habt ihr gesehen? Da hinten wird gerade ein Kälbchen geboren!«, sagte sie. Und so wurden mein kleiner Sohn und ich, hinter einem Baum versteckt, damit wir Kuh und Kalb nicht störten, Zeugen, wie ein frischgeborenes Kälbchen das erste Mal in seinem Leben aufstand. Immer wieder schirmte die Kuh es vor möglichen Blicken ab, und geduldig leckte und stupste sie das Kalb, bis es endlich, nach etwa einer Stunde, auf seinen wackeligen Beinchen stand. Fast zehn Jahre später erinnert sich mein Sohn immer noch daran, aber selbst wenn er es nicht täte, wäre das nicht schlimm. Wichtig sind bei solchen Erlebnissen die emotionalen Verknüpfungen, denn die bleiben bestehen.

Es muss nicht gleich die Geburt eines Kälbchens sein. Ich bin sicher, jede und jeder Einzelne von Ihnen hat »Naturgeschichten« aus der eigenen Kindheit, sei es die Fahrradtour über die Felder in den Sonnenaufgang, bei der man in die Brennnesseln gefallen ist (wie ich), oder das Einsammeln von Quallen am Ostseestrand, oder der ganz besonders magische, verheißungsvolle Frühlingsduft am Ostermorgen. Wenn wir unseren Kindern solche Möglichkeiten schaffen – und zwar möglichst viele davon –, dann ist schon viel getan.

Gehen wir in den Wald, lassen wir sie dort spielen, ohne Angst, ohne »Du fällst da runter«! Lassen wir sie im Winter in die Nordsee laufen und sich den Elementen aussetzen und bis auf die Haut nass werden, das Leben in jeder Zelle spüren, ohne »Weia, du erkältest dich, komm da bloß raus«!

Lassen wir sie im Garten Erde und Insekten essen, ohne zu quieken »Mach dich nicht schmutzig«. Und tun wir zumindest so, als wäre die Weidenblätter-Sand-Suppe, die sie zum »Mittagessen« servieren, das Leckerste, was wir je gegessen haben.

Nicht in allen Gemeinden gibt es Waldkindergärten, und nicht überall hat man als Eltern überhaupt die Möglichkeit, in dieser Hinsicht wählerisch zu sein. Aber wenn Sie können, schlage ich vor, dass Sie für Ihre Kinder Betreuungsmöglichkeiten suchen, in denen Wert auf Naturverbindung gelegt wird.

Eine weitere Gelegenheit, den Naturteil des *hybrid mind* zu aktivieren und die Balance zwischen der technisierten Welt und dem natürlichen Sein zu halten, sind Familien-Wildnis-Camps oder *artgerecht*-Camps, wie meine Freundin Nicola Schmidt sie seit Jahren anbietet. In vielen Städten gibt es inzwischen »Wildnis-Schulen«, in denen man verschüttete Fähigkeiten wie Bogenbauen oder Feuermachen lernen und dabei jede Menge Spaß haben kann.

Wir hatten das Glück, dass wir rechtzeitig von einer einmaligen Chance erfahren haben, die es in Norwegen für 14-jährige Jugendliche gibt: das »Outdoor-College«. Dabei handelt es sich um eine deutsche Privatschule mit Sitz in Schleswig-Holstein, deren Team seit 2014 jedes Jahr mit bis zu dreißig Jugendlichen über den Winter in die norwegische Wildnis fährt. Ich war sehr glücklich, als mein Sohn beschloss, dass er mit dieser Gruppe nach Norwegen fahren wollte.

Im ersten Halbjahr der neunten Klasse können die Jugendlichen dort wirklich an ihre Grenzen und darüber hinausgehen. Sie lernen in kleinen Gruppen, machen Kajak-, Schlittenhund- und Schneeschuh-Touren und trainieren mit den Huskys vor Ort. Alle zwei Wochen bekommen sie für zwei Stunden ihre Smartphones, um nach Hause zu telefonieren. Vor allem auf den Wandertouren wirklich zurückgeschraubt zu sein auf das Wesentliche, ist für die meisten dieser Jugendlichen eine eindrückliche Erfahrung, die ihnen nie jemand nehmen kann. Selten habe ich meinen Sohn glücklicher erlebt als in dem Moment, in dem er am Telefon erzählte, wie die Schuhe nachts am Zelt festgefroren waren oder die Schüler nachts aufstehen und einen Graben um das Zelt ausheben mussten, damit nicht alles wegschwamm. Das ist echtes Leben mit echten Herausforderungen, die unmittelbar Sinn ergeben. Wenn man einen 20-Kilo-Rucksack stundenlang durch den Schnee schleppt, ist es nicht mehr wichtig, ob man das Essen mag oder nicht, es sind Kalorien. Es ist auch nicht mehr wichtig, ob man den Mitschüler mag, mit dem man gerade die Hütte baut, allein würde man es schlicht nicht schaffen. Solche Fähigkeiten werden wir möglicherweise in Zukunft noch sehr viele brauchen.

*So wie ich es sehe, haben meine Kinder zwei Mamas – mich und Mutter Erde. Wenn ich müde bin oder eine Pause brauche, dann übernimmt die andere Mama den Job. Sie ist strenger als ich. Bienen stechen, die Sonne brennt und die Dunkelheit kommt, egal, wie viel man diskutiert. Aber sie ist auch freundlicher als ich. Sie bietet alles. Und sie wird da sein als Mutter, lange nachdem ich gegangen bin.* Kali Wendorf

## Warum Tyrannenlügen nicht egal sind, oder: Wir brauchen starke Kinder

Mit Skandalmeldungen und Katastrophenszenarien lässt sich trefflich Geld verdienen, das sei unbenommen, aber wir Eltern sollten uns davon nicht irre machen lassen. Wir dürfen das Feld nicht den am lautesten schreienden, alten Männern überlassen, denn die wahren Experten für unsere Kinder sind nicht die, die die den Wald vor lauter Bäumen... die vielen fitten Kinder zwischen den Problemfällen ihrer Praxis nicht mehr sehen können.

Die wahren Experten sind wir.

Wenn »In meine Praxis kommen immer mehr gestörte Kinder« als Aussage genügt, um damit reich und berühmt zu werden, können wir hier erst einmal getrost denselben Maßstab anlegen: unser persönliches Empfinden. Also: »In meiner Familie leben wir friedlich, fröhlich und entspannt miteinander. In allen anderen Familien, die ich kenne, auch.« Zack. Nimm das.

Es ist wichtig, sich dessen wirklich immer wieder bewusst zu werden, immer wieder den Realitätscheck zu machen. Schauen Sie bei jedem einzelnen »Die Kinder heute ...« ins Kinderzimmer oder in den Garten. Reden Sie mit den Jugendlichen, die auf Ihrem Sofa abhängen, oder mit den Kindern, die gerade die Bauklötze auf dem Flur auskippen. Und fragen Sie sich: Ist das wirklich so? Sind die wirklich »schlimm«? Ich vermute, Sie kommen zu dem Schluss, dass das nicht so ist. Es sind Kinder oder Jugendliche, die wie alle Menschen ihre Macken und Besonderheiten haben, aber ansonsten einfach nur ganz normal sind und kein bisschen schrecklich. Schrecklich sind immer nur die anderen.

Den allerallermeisten Familien geht es gut miteinander. Und das ist gut so. Es ist nicht nötig, bedenkenträgerisch den Kopf zu schütteln und darüber zu heulen, wie schrecklich die Welt ist – es ist sogar gefährlich. Negative Bilder im Kopf helfen nicht. Sie stören die Bindung, sie nehmen Kraft und Liebe weg. Kraft und Liebe, die wir brauchen, um uns um die wirklichen Schrecklichkeiten der Welt zu kümmern.

»Ich bewundere mein großes Mädchen (vier Jahre alt) für ihre Unerschrockenheit. Sie steht voll und ganz für sich und ihre Bedürfnisse ein. Sie fordert ihr Gegenüber jederzeit und betritt sie einen Raum, ist sie ganz da. Ich habe bisher wenige Menschen mit einer solchen Präsenz getroffen. Sie ist dabei ganz sie selbst, nicht aufgesetzt und unglaublich charmant und witzig.« *(Melanie)*

Mit Kindern gilt, mehr noch als mit Erwachsenen: *What you see is what you get*. Das, was du erwartest, das bekommst du auch. Und wenn du ein liebevolles Kind siehst, das sich nach Kräften bemüht – dann wirst du das auch bekommen.

Ich weiß es noch, als wäre es gestern gewesen. Wir waren in eine Wohnung in einem neuen Dorf gezogen, für mich fast 200 Kilometer weit weg von meiner Heimat, aber dafür nur wenige Meter von der Baustelle unseres zukünftigen Hauses entfernt. Es war Winter, als wir hinzogen, es war grau, und alles war doof. Tagsüber ging mein Mann ins Büro, und ich entdeckte mit unserem Dreijährigen unsere neue Welt. Nachts wechselten mein Mann und ich uns damit ab, auf der Baustelle im Akkord Rigipsplatten an die Wände zu schrauben. Irgendwann kroch ich emotional und körperlich auf dem Zahnfleisch. Plötzlich empfand ich meinen unschuldigen kleinen Jungen als un-glaub-lich anstrengend. Er war so fordernd! Und so anspruchsvoll! Und überhaupt so … Ständig fragte er »Warum?« und diskutierte und wollte mit mir spielen, und ich konnte doch schlicht nicht mehr.

»Der geht mir so auf die Nerven!«, heulte ich eines Tages meine Mutter voll. Sie bedauerte mich zu meiner Empörung nicht angemessen. Sie sagte nicht: »Ach, du armes Hascherl, was hast du es doch schwer.« Stattdessen sagte sie: »Schau ihn dir an! Schau einmal richtig hin! Er ist *so süß*!«

Ich schnappte aus dem Selbstmitleidsmodus wieder heraus und schaute meinen Sohn an. Meinen kleinen, unschuldigen Sohn, der am allerwenigsten von allen dafür konnte, dass er und ich entwurzelt in diesem neuen Dorf festsaßen. Der genauso wie ich sein Zuhause und seine Freunde und seine Oma vermisste. Und auf einmal konnte ich auch sehen, wie viel Mühe er sich gab, all das Neue zu verstehen und zu verkraften. Das war das letzte Mal, dass ich ihn als »anstrengend« bezeichnet oder wahrgenommen habe. Es ist jetzt zwölf Jahre her.

Wenige Monate nach diesem Erlebnis starb meine Mutter, und es war niemand mehr da, der sagen konnte: »Schau hin! Ist er nicht wundervoll?«, also haben mein Mann und ich es selbst gesagt, immer wieder und vor allem dann, wenn das Leben ein wenig rauere Wellen schlug: Guck mal, ist er nicht großartig? Und genau das ist er. *What you see is what you get.* In den frühen 1960er-Jahren erforschte der Harvard-Professor Robert Rosenthal, ob die Ergebnisse psychologischer Experimente davon beeinflusst wurden, welche Erwartungen die Versuchsleiter hatten. Er publizierte über seine Arbeit, und dieser Artikel fiel der Grundschullehrerin Lenore Jacobson in die Hände. Unter anderem erwähnte Rosenthal darin, dass auch zwischen Lehrern und Schülern möglicherweise gewisse selbsterfüllende Prophezeiungen im Spiel sind. Jacobson war höchst interessiert und begann einen Briefwechsel mit Rosenthal. Gemeinsam erarbeiteten sie einen Versuchsaufbau, mit dem sie an Jacobsons Schule eine Studie durchführen wollten, die später als *Pygmalion In The Classroom* bekannt wurde.[26] Bei dem Versuch ging es darum, zu zeigen, dass die (zuvor manipulierten) Erwartungen eines Lehrers an einen Schüler sich in seinem Verhalten zeigen und daraus resultierend am Abschneiden des Schülers bei einem IQ-Test. Erwartet der Lehrer, einen schlauen Schüler vor sich zu haben, behandelt er ihn entsprechend, und das wiederum zeigt sich in guten Testergebnissen und andersherum. Soweit die Theorie.

Methodik und Interpretation der Ergebnisse wurden mittlerweile stark kritisiert (mir stellt sich auch die Frage, ob ausgerechnet ein IQ-Test das richtige Messinstrument ist, aber – hey – es waren die 1960er-Jahre). Dennoch thematisiert die Rosenthal-Jacobson-Studie als eine der ersten, wie entscheidend die Beziehung zwischen (in dem Fall) Lehrern und Schülern ist, und dass die Erwartungshaltung etwas damit zu tun hat. Letztlich ist das kein Hexenwerk, und man braucht auch keinen Universitätslehrstuhl, um das zu verstehen. Wenn ich davon ausgehe, dass eine bestimmte Person bestimmte Eigenschaften hat, behandle ich sie dementsprechend. Das ist menschlich. Wer Positives erwartet, der wird Positives sehen.

Das hat nicht nur mit Wahrnehmung zu tun, sondern auch damit, dass jemand, der Positives erwartet, auch positiv gestimmt auf seine Umgebung zugeht. Wer Tyrannen erwartet, der wird Tyrannen sehen, allerorten.

Beim Einführungselternabend zur fünften Klasse meines Sohnes stellte ein Vater die Frage, ob das Lehrerteam sich vor Schulbeginn die Akten der Schüler anschauen würde, um sie kennen zu lernen. Der Klassenlehrer lächelte und sagte: »Das Einzige, was wir von einem Kind wissen wollen, das zu uns kommt, ist sein Name.« Dieser Lehrer gehört zu denen, die das Positive sehen, weil sie es sehen wollen. Selten habe ich einen Menschen getroffen, der derartig selbstverständlich vom Guten ausgeht und auch mit zweiten und dritten Chancen nicht geizt. Ich glaube, dass die Klasse auch deswegen eine ganz besonders nette Klasse ist, in der sich auch Jungs wie Marc zum Besten entwickeln.

Marc hatte es bis dahin in der Schule nicht leicht. Ich weiß noch, wie er zum ersten Mal zu uns nach Hause kam, nicht daran gewöhnt, dass ihm fremde Erwachsene auf Augenhöhe begegneten. Als mein Sohn sich mit ihm anfreundete, eilte ihm der Ruf voraus, »nicht ganz ohne« zu sein. Er kannte es, zurechtgewiesen zu werden, und wo immer ich seinen Namen erwähnte, hieß es: »Au wei, ja, der war immer schon heftig drauf.«

Besonders in einer Kleinstadt wird man einen solchen Ruf nicht so schnell wieder los. Dieser arme Zwölfjährige kam also zu uns ins Haus, voller Misstrauen gegen Erwachsene – und ich »kriegte« ihn einfach nicht. Er sah mir nicht in die Augen, er kommunizierte nicht, er schien einfach nichts Gutes von mir zu erwarten. Wenn er irgendetwas möglicherweise Verbotenes tat, log er vorauseilend, um mögliche Strafen abzuwenden. Es war schwierig.

Wenn ich Marc heute begegne, lächelt er freundlich, grüßt und sieht mir in die Augen. Er ist ein toller Junge, und ich bin sicher, dass das auch damit zu tun hat, wie dieser Lehrer über Jahre immer das Positive gesehen hat.

Neuer als die Pygmalion-Studie und ebenfalls durch die Presse gegangen ist eine Umfragestudie, die Astrid Kaiser, Professorin an der Universität Oldenburg, durchgeführt hat. »Vergleichende Studien wie PISA haben gezeigt, dass die soziale Herkunft ein wichtiger Faktor ist, ob Kinder gute Schulleistungen haben. Eine Untersuchung der Arbeitsstelle für Kinderforschung an der Carl von Ossietzky Universität zeigt, dass die Ungleichheit der Bildungschancen schon mit dem Eintrag eines Vornamens für ein Kind ins Standesamtsregister beginnt. Denn bestimmte Vornamen rufen bei Lehrpersonen Vorurteile hervor«, steht auf ihrer Website zu lesen.[27] Zweitausend Grundschullehrerinnen und -lehrer nahmen an der Studie teil, fünfhundert Fragebögen wurden genauer ausgewertet. Die Erkenntnis daraus war klar: Bestimmte Schülernamen werden von einem überwiegenden Anteil der Lehrpersonen eher negativ oder eher positiv wahrgenommen, sodass dies zu einseitigen Erwartungshaltungen führen kann.

Wer kennt diese Phänomene nicht aus eigener Erfahrung? Gehe ich davon aus, dass mein Gegenüber nett und gutwillig ist, begegne ich ihm von vornherein ganz anders, als wenn ich davon ausgehe, er oder sie könnte mir an den Karren fahren wollen.

In der Familie, wo die Bindungen ja noch wesentlich enger sind als außerhalb, sind – meine Vermutung – die Auswirkungen der eigenen Erwartungen noch deutlicher spürbar. Eltern, die permanent erwarten, dass ihr Kind Unsinn macht, die es als überdurchschnittlich anstrengend wahrnehmen oder sich durch sein kindliches Verhalten persönlich angegriffen fühlen, werden mit größerer Wahrscheinlichkeit Kinder erleben, die »Unsinn machen« – selbst wenn sie einfach nur tun, was Kinder eben tun: die Welt entdecken.

Wollen wir uns ernsthaft weiter – ja – tyrannisieren lassen von Aussagen wie »Französische Kinder bleiben anständig bei Tisch sitzen und tun, was man ihnen sagt, während ihr soften deutschen Eltern euch nur auf der Nase rumtanzen lasst« oder »Die Kinder heutzutage können nichts mehr, in den Schulen brauchen wir dringend wieder mehr Disziplin«? Ich sage: Eltern, vereinigt euch gegen das Diktat derer, die euch ein schlechtes Gewissen machen, Versagen vorwerfen und daraus Kapital schlagen wollen! Vereinigt euch gegen die, die euch einreden wollen, eure Kinder seien irgendwie verkehrt!

Wir haben nämlich wahrhaft anderes zu tun. Wir sitzen hier nicht inkompetent rum und backen Sandkuchen, wie Nicola Schmidt und ich in *Slow Family* geschrieben haben. Wir ziehen die Erwachsenen von morgen groß. Und die werden einiges zu bewältigen haben.

## Die Kinder des Anthropozän

Heute ist es wichtiger als je zuvor, dass wir uns nicht die Kraft rauben und uns die Bindung und Liebe zu unseren Kindern durch die generationenalten Tyrannenwarnungen nehmen lassen. Denn obgleich es diese schon immer gegeben hat, obgleich alte Menschen immer schon über junge Menschen geschimpft haben, obgleich es immer Probleme in der Welt gab, die zu überwinden waren, ist doch eine Sache neu: Wir leben in einem neuen Erdzeitalter. Das Holozän ist zu Ende.

Unsere Kinder sind die ersten seit tausenden von Jahren, die im Anthropozän aufwachsen. Den Begriff brachte im Jahr 2000 der Atmosphärenforscher Paul Crutzen ins Spiel, um darauf hinzuweisen, dass die Veränderungen der Erde, die durch Menschen hervorgerufen wurden, irreversibel, also unumkehrbar geworden sind.

Im Holozän war das Klima weitestgehend stabil, inzwischen leben wir laut der stratigraphischen Kommission der *Geological Society of London* in einem erdgeschichtlichen Abschnitt, für den es in den letzten Millionen Jahren keine Entsprechung gibt. Menschengemachte Klimaveränderungen, Landschaftsveränderungen, Übersäuerung der Ozeane sowie Artensterben in diesem Ausmaß hatten die Generationen vorher nicht zu bewältigen, und sie standen auch nicht vor dem Problem, vor dem unsere Kinder und Enkel stehen werden: Die Rohstoffe gehen zu Ende, egal, ob man damit fossile Brennstoffe, Eisen, Phosphor, Ackerland, seltene Erden oder Trinkwasser meint.

Kindergenerationen vorher mussten Gewalt, Hunger, Krieg erleben, und ich sage nicht, dass das nicht entsetzlich schlimm war. In vielerlei Hinsicht war es schlimmer als das, was die meisten Kinder in Deutschland je erleben werden, und es war individueller – noch.

Aber gerade weil die Bedrohung heute so abstrakt und weltumspannend ist, können wir es uns nicht länger leisten, uns den alten Ängsten und den Denkweisen des vergangenen Zeitalters hinzugeben. Wir dürfen unsere Kinder nicht ihrer Kraft berauben, denn sie werden sie brauchen.

Aus dem Kino kennen wir das alle als Szenen wie diese: Der Held rennt über das Schiff, das geradewegs auf die obere Kante des gigantischen Wasserfalls zusteuert, klettert dann im Maschinenraum eine Leiter hoch, hetzt über schmale Gitterstege. Vielleicht ist er der kiffende Hallodri, den alle hoffnungslos unterschätzt haben, denn gleichzeitig ist er der Einzige, der das Schiff noch herumreißen kann, weil er den Code für die Steuerung kennt (früher war er zufällig beim Geheimdienst). Während wir uns tiefer in den Kinosessel drücken und denken »Nun lauf schon!«, taucht aus der dunkelsten Ecke des Maschinenraums der totgeglaubte Chefbösewicht auf und zielt mit dem vermeintlich verloren gegangenen Revolver auf den Helden. Knapp daneben! Der Held hetzt weiter, die Kugeln fliegen. Mit Mühe und Not schafft er es aus dem Maschinenraum und rennt weiter Richtung Brücke. Unaufhaltsam kommt derweil der Abgrund näher. Als der Held gerade die Tür zur Brücke aufreißen will – wir knabbern nervös an den Fingernägeln und denken »Strike! Er hat es geschafft!« –, kommen wie aus dem Nichts die drei fiesesten feindlichen Kampfsportkünstler auf ihn zu und verwickeln ihn in eine Schlägerei.

Irgendwann kommt der Punkt, an dem wir als geübte Hollywoodzuschauer nur noch denken: »Es rei-heicht. Könnt ihr jetzt mal einfach das Schiff vom Abgrund wegsteuern?«

So ungefähr an dem Punkt befinden wir uns global.

Wir leben auf einem fiebrigen Planeten, auf dem die Pflanzen- und Tierarten im Minutentakt weniger und die Wüsten ebenfalls im Minutentakt größer werden; auf einem Planeten, für den nicht mehr besonders viel Zeit bleibt, das Ruder noch rumzureißen. Und während wir eigentlich allesamt zusehen müssten, dass wir – um im Bild zu bleiben – kollektiv den Rettungscode für die Steuerung eingeben, kloppen wir sinnlos aufeinander ein und streiten uns über die richtige Farbe des Schnullers. Als Krönung des Ganzen haben wir eine Tradition, die unsere als unschuldige Kinder getarnten Superagenten-Helden schlecht macht, die das Schiff retten können – ja, sogar müssen, da wir es nicht hinbekommen haben. Wir haben gerade wenig Verwendung für alte Männer, die die Kommunikation stören. Wenn ich schreibe »Wir brauchen Helden«, meine ich damit *nicht*, dass wir unsere Kinder auf irgendetwas hinerziehen sollten.

Sie sind schon stark.

Sie sind schon gut.

Sie sind genau das, was sie sein »sollen«.

Und jede und jeder einzelne von ihnen trägt ein ganz persönliches Geschenk in diese Welt. Das fängt damit an, dass er oder sie als absolut und unverbrüchlich vertrauendes Baby die Eltern spüren lässt, wie tief Liebe gehen kann, und in ihnen oft eine wilde Entschlossenheit weckt, für dieses Kind jegliche innere Begrenzung niederzureißen und sich wirklich einzulassen auf Neues.

Das Einzige, das wir als Eltern tun müssen, ist: All das Starke, Gute, Helle nicht kaputtzumachen.

Unabhängig von allen Herausforderungen durch Klimaveränderungen oder Artensterben werden unsere Kinder auch durch die rasante Technikentwicklung eine Welt erleben, die sich sehr stark von jener unterscheidet, die unsere Eltern oder Großeltern kannten. Der Philosoph Richard David Precht sagte im Interview mit Markus Lanz, der wichtigste Motor für unumkehrbare Veränderungen sei im Augenblick global der technische Fortschritt (womit wir wieder beim Anthropozän wären), und dieser werde alle anderen gesellschaftlichen Entwicklungen nach sich ziehen. Wie die vorangegangenen industriellen Revolutionen werde die Digitalisierung nie gekannte und jetzt noch nicht vorhersehbare Folgen haben. Beispielsweise, so Precht, werde in zwanzig Jahren die Hälfte der Arbeitsplätze wegfallen, da dann viele Arbeiten, die heute noch von Menschen verrichtet werden, von Robotern geleistet werden, sei es in der Autoindustrie, den Banken oder bei den Juristen.

*Wir dürfen nicht nur fragen: »Wie werden wir leben?«, sondern wir müssen wieder lernen zu fragen: »Wie wollen wir leben?« Deutschland muss nicht nur dafür sorgen, dass es zukunftstauglich ist, sondern auch enkeltauglich.*

RICHARD DAVID PRECHT[28]

Ob die kommenden Veränderungen so oder anders ausfallen – auf jeden Fall werden sie kommen. Und dann brauchen wir Menschen, denen Veränderungen keine Angst machen, die flexibel und positiv sind. Menschen, die im tiefsten Inneren davon ausgehen, dass das Leben gut zu ihnen ist, und die nicht denken, dass sie zu kurz kommen und deswegen anderen die Köpfe einschlagen müssen. Wir haben einfach keine Zeit mehr, uns um Befindlichkeiten zu kümmern oder über Kleinkram zu streiten.

## Mommy Wars

»Als ich das Tyrannenbuch gelesen habe, war das ganz merkwürdig«[29], erzählte mir eine Freundin. »Bei ganz vielen Punkten dachte ich: Ja, der hat recht. Aber nachdem ich es ausgelesen hatte, ging es mir gar nicht gut. Ich sah nur noch das Negative an den anderen Kindern.«

Und damit einhergehend natürlich das, was die anderen Mütter alles falsch gemacht hatten. Elternwerden ist nicht einfach. Wir tasten uns so durch dieses neue, unbekannte Land, ohne Wegweiser, mit einzig unserem Herzen als Kompass, und um irgendwie Sicherheit zu finden, ist »Wir gegen die« eine bewährte Methode. »Wir«, die nicht aus dem Beruf aussteigen, »wir«, die unsere Kinder länger stillen, »wir«, die nicht an unseren Kindern rumerziehen, »wir«, die den Kindern auch mal Grenzen setzen. Und neben dem »Wir« gibt es natürlich immer die anderen, die es nicht machen wie wir. Und die damit unser Bedürfnis danach untergraben, dass wir die sind, die es richtig machen. Hören wir auf damit!

Wir brauchen einfach nur mehr Gelassenheit und mehr Sicherheit. Aufmerksamkeit und Achtsamkeit für die eigenen Kinder und das eigene Familienleben – und kein, aber auch wirklich keinerlei – Genörgel darüber, was Eltern (alle, außer wir selbst natürlich!) für Versager seien.

Katja Seide, die den Blog *Gewünschtestes Wunschkind* betreibt, berichtete von ähnlichen Erfahrungen wie meine Freundin: »Nachdem ich das Buch gelesen hatte, fielen mir auf den Spielplätzen plötzlich unglaublich viele ›ungezogene‹ Kinder auf, solche, die prima ins Winterhoff'sche Schema passten. Mein Blick war nun defizitorientiert und ich schüttelte innerlich den Kopf über die vielen unfähigen Eltern, die ich sah.«[30]

Auch hier wieder: Worauf ich meine Aufmerksamkeit richte, das bestimmt meine Realität. Die kluge Anaïs Nin sagte dazu: »Wir sehen die Dinge nicht, wie sie sind. Wir sehen sie so, wie wir sind.« Wenn unsere innere Programmierung die kleinen Menschen um uns herum für lästige Bratzen hält, die immer schlimmer werden, dann werden wir genau das sehen. Wenn wir denken, dass alle anderen Eltern inkompetente Idioten sind, dann werden wir auch das entdecken.

Andersrum sieht jemand, der auf Verbindung und Wohlwollen getaktet ist, eben das Positive – und bekommt genau das auch zurückgespiegelt. Deswegen ist es wichtig, bei uns selbst anzufangen, egal, ob im Familienleben, bei der Arbeit oder sonstwo.

Ich war vor einigen Jahren zu einer Radio-Diskussionsrunde mit Michael Winterhoff eingeladen, und das Thema war: »Ratlose Eltern – oder panische Pädagogen?«. Meine Aufgabe in der Sendung war, genau das zu sagen, was ich auch in diesem Buch schreibe: Die modernen Eltern sind überhaupt keine Versager, die Kinder keine Tyrannen, und die Welt geht nicht den Bach hinunter. Ich war ein bisschen aufgeregt.

In Hamburg, wo die Radiosendung aufgezeichnet wurde, fand am selben Abend ein Fußballspiel statt, und die Bahn war voll. Im selben Wagen wie ich fuhr eine Gruppe Jugendlicher zum Spiel. Vielleicht hätte ich sie als lästig und unangenehm wahrgenommen, wenn ich geglaubt hätte, dass es mit »der Jugend immer schlimmer« wird. Aber so war es nicht. Mein Herz und mein Kopf voll mit Zahlen und Fakten, betrachtete ich die Jugendlichen um mich herum. (Wir reden von Fußball! Von Horden testosterongeladener, junger Typen.) Und was ich sah, war … gut. Sie waren *nett* miteinander und auch zu ihren Mitreisenden. Sie unterhielten sich. Sie hatten Spaß. Sicherlich waren sie auch beizeiten laut, aber vor allem war einfach so gar nichts an ihnen auszusetzen. Ich war sehr glücklich und fühlte mich ihnen sehr verbunden. Bis heute gehört diese Bahnfahrt zu meinen schönsten.

Ich glaube nicht, dass das der Fall gewesen wäre, wenn ich in dem Glauben in den Zug gestiegen wäre, dass alle anderen Eltern Versager und die Jugendlichen ohnehin verdorben seien.

# Der Nordstern

In *Slow Family* habe ich gemeinsam mit Nicola Schmidt einen »Nordstern« für alles, was wir an Ideen zusammengestellt haben, entwickelt: langsam · achtsam · echt.

Ich finde diese bewusste Ausrichtung jeden Tag wieder hilfreich und habe sie mir tatsächlich sehr groß und dekorativ an den Kühlschrank gehängt.

In mancherlei Hinsicht ist das, was ich in diesem Buch vorschlage, die Fortsetzung davon. Nur wenn wir langsam, achtsam und echt in unserem Fühlen und Handeln sind, können wir den nächsten Schritt tun und uns mit den Menschen – und allgemein dem Leben – um uns herum verbinden und dafür sorgen, dass es allen gutgeht. Entsprechend halte ich es für sinnvoll, wenn wir zusätzlich noch unsere Einstellungen (und dann letztlich auch Handlungen) im Familienleben daraufhin überprüfen, ob sie

- die Bindung stärken,
- sich gut anfühlen und
- allen Beteiligten gerecht werden.

Der Nordstern für dieses Buch könnte also heißen: verbindend · wohltuend · fair.

Natürlich gehen diese Punkte Hand in Hand. Was verbindet, fühlt sich in der Regel auch gut an. Wir sind so verkabelt, dass wir uns gern mit anderen Menschen verbunden fühlen. Unsere Hirnanhangdrüse schüttet dann Oxytocin aus, das oft vereinfacht als »Kuschelhormon« bezeichnet wird. Verbundenheit macht glücklich. Und wer glücklich ist, kann sich mit anderen verbinden.

Um das zu verstehen, hilft basale Küchenpsychologie: Wenn es mir gutgeht, kann ich freundlich auf Menschen zugehen, dann habe ich Kapazitäten, empathisch zu sein, die Bedürfnisse anderer wahrzunehmen, über den Tellerrand zu gucken. Wenn es mir schlecht geht, wird meine Welt klein und eng und nur noch auf irgendwelche Bedürfnisse fokussiert, die ich in dem Augenblick als irrsinnig wichtig – und unerfüllt – wahrnehme.

Alles, was trennt, hingegen – seien es Streitereien, Machtspiele oder einfach nur Unsicherheit und die Wahrnehmung, dass der andere »falsch« ist, so wie er ist – führt unweigerlich dazu, dass Sand ins Beziehungsgetriebe gelangt. Auch das liegt in unserer Natur. Trennungsgefühle stressen, und unter Stress schalten wir auf »Kampf-oder-Flucht« und können nicht mehr erkennen, ob wir andere vielleicht mit unserem Verhalten verletzen. Wieder wird der Fokus eng und die Wahrnehmung für das große Ganze schwindet.

Die Binsenweisheit, dass Eltern bei aller Liebe und Hingabe zur Familie auch dafür sorgen müssen, dass es ihnen selbst gutgeht, ist deswegen nicht von der Hand zu weisen. Wer mit seinen eigenen Kräften nicht haushaltet, wird unfair und kann nicht dafür sorgen, dass es den kleineren Menschen ringsherum gutgeht.

Was aber ist verbindend? Was ist wohltuend? Was ist fair? Letztlich muss jede Familie diese Fragen für sich individuell beantworten, abhängig vom Alter der Kinder, von der Lebenssituation, von den besonderen Vorlieben. Es ist einfach nur wichtig, das im Hinterkopf zu behalten.

## Im Zweifelsfall für das Kind

Von Thomas Edison ist überliefert, dass seine Lehrer ihn für »addled« hielten, was je nach Zusammenhang als faul, verdorben oder verwirrt zu übersetzen ist (er hatte eine Lese-Rechtschreib-Schwäche und war schwerhörig). Empört stürmte der Junge aus der Schule, doch seine Mutter brachte ihn zunächst wieder dorthin zurück, um das Thema mit den Lehrern zu besprechen. Die Lehrmethoden, die in jener Schule zum Einsatz kamen – Stillsitzen, Auswendiglernen und bei Misserfolg Schläge mit dem Lederriemen –, mögen in der Zeit weit verbreitet gewesen sein, aber Edisons Mutter hielt sie für untauglich für ihren Sohn. »Tom war verwirrt durch die Lehrmethoden Reverend Engles. Er konnte durch Angst nicht lernen, und ebenso wenig konnte er nur stillsitzen und auswendig lernen. Er mochte es, Sachen selbst zu entdecken und Fragen zu stellen«[31], steht in seiner Biografie. Wir alle wissen, was später geschah. Thomas Edison ging als eines der größten Technikgenies in die Geschichte ein. Wer von uns freut sich da nicht und denkt: Ha! Siehste mal!

Die Welt ist voller solcher Geschichten. Reinhard Mey erzählt in seinem Lied »Zeugnistag«, wie er sich als Zwölfjähriger mit seinem katastrophal schlechten Zeugnis nicht nach Hause traut und stattdessen die Unterschriften seiner Eltern fälscht. Nun sei dahingestellt, warum er Angst davor hatte, das Zeugnis zu zeigen – das Entscheidende in dem Lied ist die Passage, die davon berichtet, wie er zum Direktor gerufen wird. Dieser erkennt die Fälschung natürlich sofort als solche und bestellt wutschnaubend die Eltern zu sich. »Voll Selbstgerechtigkeit« lehnt er sich zurück und wartet, dass der kleine Reinhard ausgezählt und für sein Vergehen geohrfeigt wird. Doch dann geschieht das Unerwartete: Der Vater nimmt das Zeugnis und behauptet, die Unterschrift auf dem Papier sei ganz klar seine; kurz darauf bekundet die Mutter dasselbe. Sie habe nur vorher Einkaufstaschen getragen, daher sei der Name ein wenig zittrig.

Das ist die Stelle, wo das Publikum bei den Konzerten johlt vor Freude. Haben die Eltern dem System eins ausgewischt! Strike!

Derselbe Triumph erfasst uns, wenn in Astrid Lindgrens Michel-Geschichten der Vater den Sohn nicht vermöbeln und in den Tischlerschuppen sperren kann, weil sein Fuß in der Mausefalle hängen bleibt, oder wenn der charmante Dieb auf der Kino-Leinwand es schafft, dem FBI-Agenten zu entwischen. Die meisten Menschen mögen Regelbrecher. Wir freuen uns, wenn »das Establishment« eins auf die Mütze bekommt. Theoretisch. Und solange wir nicht selbst das Establishment sind.

In dem Moment, in dem die eigenen Regeln gebrochen werden, finden die meisten Erwachsenen das gar nicht mehr witzig, und Regelbrecherkinder haben es schwer. Das gilt selbst für Regelhinterfragerkinder, dabei brauchen wir genau das. Wir brauchen Menschen, die das Angestammte infrage stellen, die sich Gedanken machen darüber, warum die Dinge sind, wie sie sind, und ob sie nicht anders laufen könnten.

> »Das meiste, was ich in der Schule lerne, ist absolut überflüssig. Ich könnte meine Zeit wesentlich besser verbringen.«
> *(Fred, 15)*

Ich habe noch ein paar Regelbrechergeschichten für Sie.

Zum Beispiel gab es einmal ein kleines Mädchen, das nichts spannender fand, als die Natur zu beobachten. Und so tat sie das, Stunde um Stunde, ohne dass ihre Mutter wusste, wohin die Vierjährige verschwunden war. Die Mutter starb beinahe vor Angst um ihr Kind. Aber als die Kleine dann endlich auftauchte, voller Glück darüber, dass sie das Rätsel gelöst hatte, wie Hühner ihre Eier legen, schimpfte die Mutter nicht, weil das Kind »fortgelaufen« war, sondern hörte sich an, was ihre Tochter über das Wunder des Lebens zu berichten hatte. Das Mädchen ging später nach Gombe in Afrika und erforschte als eine der ersten ausgiebig Schimpansen. Sie wissen natürlich, von wem ich spreche. Ihr Name ist Dame Jane Goodall.[32]

Oder dieses andere kleine Mädchen, das nur wenige Jahre vor Jane Goodall geboren wurde. Als sie acht Jahre alt war, bestanden ihre Lehrer darauf, dass sie zu einem Psychiater gebracht wurde. Sie zappelte, war unkonzentriert, störte den Unterricht. Mit ihr war einfach nicht sinnvoll zu arbeiten. Der

Arzt hörte sich geduldig an, was die Mutter über die Probleme der Kleinen erzählte, dann verließ er zusammen mit der Mutter den Raum und schaltete vorher das Radio ein. Sobald sie allein war mit der Musik, sprang das Mädchen auf und tanzte, und der kluge Arzt sagte zur Mutter: »Ihre Tochter ist nicht krank. Sie ist eine Tänzerin.« Sie kam in eine Tanzschule, wo nur »Kinder wie sie« waren. Kinder, die sich bewegen mussten, um zu denken. Der Name dieses Mädchens war Gillian Lynn. Sie wurde berühmt als Choreographin von *Cats*, ist heute 91 Jahre alt und Multimillionärin.[33]

Und kennen Sie den Witz, wo sich Steve Jobs und Bill Gates kaputtlachen? Gates sagt: »Sie haben gesagt, ohne Collegeabschluss würde aus mir nichts werden«, und Jobs antwortet: »Dir haben sie das auch erzählt?«.

Die beiden sind damit nicht allein. Das *Time Magazine* brachte 2010 eine Liste der *Top 10 College Dropouts* heraus[34], und darin reiht sich ein illustrer Name an den anderen, von James Cameron und Tom Hanks bis zu Frank Lloyd Wright und Mark Zuckerberg. Die meisten von ihnen verließen die offiziellen Lehreinrichtungen, um sich dem zu widmen, für das sie wirklich brannten, oder – um es ein wenig pathetischer auszudrücken – um das zu tun, wofür sie geboren waren.

Einer meiner absoluten Helden, was das angeht, ist Boyan Slat, vielleicht haben Sie von ihm gehört. Im Alter von 16 Jahren stellte er beim Tauchen fest, wie vermüllt unsere Ozeane mit Plastik sind und beschloss, etwas dagegen zu tun. Er entwickelte als Highschool-Projekt ein System, um Plastik aus den Meeren zu fischen, das er immer weiter verfeinert hat. Seither sammelt er Geld für das Projekt, und er geht davon aus, dass der große Müllstrudel im Pazifik fünf Jahre nach dem Start von *The Ocean Cleanup*, der im Jahr 2018 erfolgen soll, Geschichte sein wird.

Wir brauchen Menschen wie ihn. Und wir brauchen Menschen, die uns Kunst und Technik und Geschichten schenken. Vielleicht brauchen wir sie heute dringender als je zuvor.

> *Wir müssen jetzt sorgsam sein, dass wir diese Gabe [der menschlichen Vorstellungskraft] weise einsetzen, und dass wir ein paar der [Zukunfts-]Szenarien vermeiden können, über die wir gesprochen haben. Und die einzige Möglichkeit, das zu tun, ist, dass wir unsere kreativen Kapazitäten als den Reichtum sehen, der sie sind, und dass wir in unseren Kindern die Hoffnung sehen, die sie bringen. Und unsere Aufgabe ist es, ihr ganzes Wesen zu bilden, damit sie ihrer Zukunft gewachsen sind. Einer Zukunft, im Übrigen, die wir vielleicht nicht erleben werden. Aber sie werden es. Und unser Job ist es, dafür zu sorgen, dass sie etwas daraus machen können.* Sir Ken Robinson[35]

## Alle sind richtig

Nicht jeder kann Boyan Slat sein, und nicht jede kann Gillian Lynn sein, aber jedes Kind sollte die Chance bekommen, es selbst zu sein, um das in die Welt zu tragen, was es am besten kann. Das ist nicht unbedingt Integralrechnung.

Menschen sind unterschiedlich. Das mag wie eine Binsenweisheit klingen, aber ich finde es wichtig, sich das immer wieder bewusst zu machen. Denn sehr leicht werden Kinder, die sich nicht in das jeweils gültige Gesellschaftsraster einfügen wollen, als »gestört« bezeichnet. Und ebenso leicht wird die Schuld für diese vermeintliche Störung bei den Eltern gesucht, die es angeblich »nicht mehr verstehen, ihre Kinder zu erziehen« oder die »zu nachsichtig« seien.

Dabei ist einiges von dem, was unsere Kinder ausmacht, mitgebracht, ererbt oder in den ersten Lebensmonaten gelernt. Meine Kollegin Nicola Schmidt hält gern einen Vortrag über verschiedene Säuglingstemperamente und hat auch in *artgerecht – das andere Babybuch* ausführlich darüber geschrieben. Den ersten wissenschaftlichen Hinweis auf verschiedene Säuglingstemperamente gab es bereits vor beinahe fünfzig Jahren, als das Forscherpaar de Vries und de Vries sich aufmachte, die Kinder der Massai in Kenia zu studieren. Je nach ihrem Verhalten unterteilte Forschungsleiter de Vries die Babys in »schwierig« (schwer zu beruhigen, wenig anpassungsfähig, hoch reaktiv) oder »leicht« (fester Rhythmus beim Schlafen und Stillen, schnell zu beruhigen, anpassungsfähig) und identifizierte jeweils die zehn von ihnen, die diese Merkmale am deutlichsten zeigten. Nach drei Monaten kehrte de Vries zurück, um seine Forschungen fortzusetzen. Sieben der Säuglinge waren in der Zeit als Folge einer Dürre gestorben – sechs »einfache« Säuglinge und ein »schwieriges« Baby.

Wir mit unserem satten Leben empfinden kleine Quälgeister als »schwierig«, unter anderen Umständen ist gerade ihre »Schwierigkeit« das, was sie überleben lässt.

Später ordneten die amerikanischen Temperamentsforscher Thomas und Chess Säuglinge in vier Gruppen ein: einfache Babys (40 Prozent), schwierige Babys (10 Prozent), langsame Anpasser (15 Prozent) und »Übrige«, die nicht so leicht einzuordnen sind (35 Prozent).

Zu ähnlichen Ergebnissen kam der Entwicklungspsychologe Jerome Kagan. Er untersuchte vier Monate alte Säuglinge und fand bei ihnen drei Typen von Temperamenten: wenig reaktive, die sich früh selbst regulieren konnten (40 Prozent), hoch reaktive, die schnell reizüberflutet waren und viel weinten (20 Prozent), und solche, die irgendwo dazwischen lagen und Hilfe beim Beruhigen brauchten (40 Prozent).[36]

Vergleichen wir:

| Thomas/Chess | Kagan |
|---|---|
| **40 einfache Babys** | **40 Prozent selbstregulierende Babys** |
| **35 Prozent nicht klar zuzuordnen** | **40 Prozent bindungsbezogene Babys** |
| **25 Prozent schwierige Babys und langsame Anpasser** | **20 Prozent hoch reaktive Babys** |

Diese Zahlen finde ich deswegen besonders spannend, weil sie größenordnungsmäßig mit anderen Werten zusammenpassen. Erinnern Sie sich an von Harnacks Studie, die ich eingangs erwähnte? 16,3 Prozent der Kinder stufte man in dieser Untersuchung als *mäßig*, 3,7 Prozent als *ausgeprägt verhaltensgestört* ein – zusammen 20 Prozent.

Diese 20 bis 25 Prozent »schwieriger« Babys oder Kinder finden sich in der Literatur immer wieder, und der Gedanke erscheint mir logisch, dass – wie die Studie von de Vries/de Vries zeigt – menschliche Gesellschaften einen evolutionären Vorteil durch sie haben. Ich meine gelesen zu haben, dass sich selbst bei höheren Säugetieren, die in Gruppen leben, etwa dieses Muster zeigt. Auch dort gibt es die 20 Prozent derer, die schnell reagieren, schnell wahrnehmen, schnell abgelenkt sind, die 40 Prozent ruhigerer und zufriedenerer Individuen und die 40 Prozent derer, die sich keiner der beiden Gruppen klar zuordnen lassen, sondern irgendwo in der Mitte liegen.

Stellen wir uns einen Moment vor, wir wohnten nicht isoliert und sicher in Wohnungen oder Einfamilienhäusern, wir hätten keine Läden, in denen wir Essen kaufen oder uns mit Kleidung ausstatten können. Stellen wir uns für einen Moment vor, wir wären das, was wir zehntausende Jahre lang waren: Jäger und Sammler. Die Zeit, die vergangen ist, seit wir es nicht mehr sind, ist evolutionsbiologisch nur ein Wimpernschlag. Wir haben andere Aufgaben, aber unser genetisches und psychologisches »Ausgangsmaterial« unterscheidet sich nicht sehr von dem, was wir in Jäger-und-Sammler-Gesellschaften gehabt hätten. Werfen wir einen – wenn auch weniger wissenschaftlichen – Blick dorthin.

Der Wildnislehrer Tamarack Song spricht nicht von Temperamenten, sondern von »Archetypen«, wenn er verschiedene Rollen oder »Energien« in traditionellen Gesellschaften beschreibt: Hier finden sich 40 Prozent *nurturers*, 40 Prozent *communicators* und 20 Prozent *guardians*. Wieder dieselben Verhältnisse.

Die Guardians sind die, für die wir in unserem derzeitigen Bildungs- und Gesellschaftssystem so wenig Verwendung haben und für die es daher oft besonders schwierig ist. Tamarack Song schreibt: »Viele der Leute, denen wir Aufmerksamkeitsstörungen zuschreiben, wären in Jäger-und-

Sammler-Gesellschaften für die Rolle des Guardian geeignet. ADS-Symptome wie die Unfähigkeit, auf eine Sache konzentriert zu bleiben oder etwas zu Ende zu bringen, sind für einen Guardian wünschenswerte Eigenschaften. Die Rolle des Guardian besteht darin, alles rund ums Camp im Blick zu behalten; wenn er sich jedoch in einem Projekt verliert, könnte etwas seiner Aufmerksamkeit entgehen. Seine Aufgabe ist es, zu bemerken, wenn etwas getan werden muss, damit andere es dann durchführen, sodass er weiter kundschaften und Wache halten kann.«[37]

> »Ich weiß noch, wie unerträglich es in der Schule für mich war, wenn Leute immer noch etwas fragten und noch etwas, wo wir doch längst zu neuen, spannenderen Themen hätten übergehen können.« *(Claudia, 40)*

Falls Sie einen kleinen Kundschafter zu Hause haben, werden Sie ihn oder sie in der obigen Beschreibung sicherlich wiederfinden. Guardians begreifen schnell, reagieren schnell – und sind naturgemäß auch schnell gelangweilt. In einer Clan-Umgebung würde es ausreichen zu sagen: »Hey, schaut mal, dort vorn sind prima Beerenbüsche!« Es wäre nicht die Aufgabe des Kundschafters, die Beeren zu ernten oder das Essen daraus zu bereiten. Weil sie schnell den Überblick haben, langweilen sich viele Guardian-Kinder in konventionellen Schulen, in denen alle zur selben Zeit das Gleiche lernen müssen. Es ist für sie eine Qual, stillzusitzen und sich noch länger auf Unterrichtsinhalte zu konzentrieren, die sie längst (in groben Zügen, aber das genügt ihnen) verstanden haben. Deshalb zappeln sie oder lassen ihre Gedanken zu interessanteren Dingen schweifen.

Wir sehen: Bestimmte Eigenschaften sind nicht falsch, nur weil sie nicht ins Gesellschaftsbild oder ins Bildungssystem passen, wo die meisten »Störungen« auffallen. Tamarack Song schlägt vor, kleinen Guardians die Möglichkeit zum Teamsport zu geben. Handball, Fußball, Volleyball: irgendetwas, wo ihre Fähigkeit, viele bewegte Ziele und parallel dazu das Ganze im Blick zu behalten, wichtig ist, und sie gleichzeitig in eine Gruppe eingebunden sind.

So wie die Guardians in anderen Gesellschaften den Weg zeigen, können sie uns vielleicht auch hier und heute sagen, wo es langgeht, beziehungsweise wo der Weg eben nicht entlangführen sollte. Wenn ein Bildungssystem diese wertvollen Mitglieder unserer Gesellschaft pathologisiert, dann ist es an der Zeit, das System zu ändern, anstatt an den Kindern herumzuschrauben. Wir brauchen sie noch.

Anders als die Kundschafter tun sich die Menschen, die nach Tamarack Songs Philosophie dem Nurturer-Archetyp zuzuordnen sind, meist leichter in unseren Schulen und Kindergärten. »Diese Individuen dienen ihrem Clan, indem sie zwischenmenschliche Bindungen bewahren und heilen – sie sind es, die den Clan zusammenhalten und sein langfristiges Überleben sichern.« Das englische *to nurture* bedeutet aufziehen, nähren, fördern. Entsprechend sind Nurturer in einer Gruppe diejenigen, die sich um andere kümmern, die schon mal die warme Suppe kochen, wenn die Jäger noch draußen sind, die Wunden versorgen und ein offenes Ohr für Probleme haben.

Die letzte große Gruppe sind die *Communicators* oder *Aggressors*. In Jäger- und Sammler-Gesellschaften achtet ein

Communicator darauf, dass die Bedürfnisse der Gruppe erfüllt werden, gleichzeitig im Vorder- wie im Hintergrund, wie Tamarack Song schreibt. Ein Communicator weiß, dass alle Mitglieder gedeihen müssen, damit es dem Clan gut geht.

Haben wir für die *Guardians* wenig Verwendung, ist die Herausforderung beim Communicator-Archetyp etwas anders gelagert.

»In unserer Kultur ist es normal, dass die Communicator-Energie in ihre rohe Form, Aggression, verzerrt wird, die sich dann in Machthunger, Täuschung, Demagogie und Kontrolle äußert. Diese Aggressor-Energie wird benutzt, um unser hierarchisches System am Laufen zu halten. Starke Aggressoren schaffen es am ehesten, in hohe Positionen vorzudringen, sei es in Politik, Wirtschaft oder Kirche. Sie sind die ›erfolgreichsten‹ in unserer Gesellschaft.«

Gerade weil sie so viele Einflussmöglichkeiten haben, ist es umso wichtiger, Communicator-Kindern mit Verständnis und Empathie zu begegnen und ihnen vorzuleben, die Bedürfnisse aller im Blick zu behalten.

## Wir brauchen die passende Umgebung

Egal, wie das Temperament einer Person ist, wir brauchen alle eine passende Umgebung, die uns hält und stärkt.

Remo Largo spricht in *Das passende Leben* vom Fit-Prinzip, wobei »fit« in dem Fall vom englischen *to fit* (zusammenpassen) kommt.[38] Umwelt und Individuum müssen zusammenpassen, sonst stellt sich Unwohlsein und letztlich auch psychische oder physische Krankheit ein. Wir sollten also, wenn wir irgend können, dafür sorgen, dass *alle* Kinder, auch unsere 20-Prozent-Kinder, die Guardians, Scanner, Hochreaktiven, eine für sie passende Umwelt vorfinden.

Es kann ein Waldkindergarten sein oder eine Montessori-Schule, was auch immer. Es kann auch einfach bedeuten, dass das Kind die ersten vier Lebensjahre oder länger zu Hause bleibt anstatt, wie es immer üblicher wird, nur ein Jahr. An der Stelle brauchen wir Achtsamkeit, um die Bedürfnisse aller in der Familie unter einen Hut zu bekommen.

## Wie entstehen Tyrannen?

Vielleicht wäre es allmählich an der Zeit zu fragen, was ein »Tyrann« eigentlich ist. Nehmen wir einmal die Vogelfamilie der »Tyrannen« aus, bleiben laut Wikipedia immer noch drei verschiedene Begriffsdeutungen, die allerdings auf etwas Ähnliches hinauslaufen. Ein Tyrann ist danach

- der Inhaber »einer unumschränkten Einzelherrschaft, die auf einen gewaltsamen Umsturz zurückgeht« (im Altertum),
- ein Machthaber, der eine Schreckensherrschaft ausübt (Mittelalter und neuzeitlicher Sprachgebrauch) oder ein herrschsüchtiger, rücksichtsloser Mensch.[39]

Okay. Ich atme an dieser Stelle tief durch, und dann sage ich sehr ruhig: Ich finde es eine absolute Unverschämtheit, ein Kind als *Tyrannen* zu bezeichnen. Kein Kind ist jemals ausgezogen, Angst und Schrecken über andere Völker zu verbreiten, kein Kind hat jemals Armeen in den Krieg geschickt.

»Es ist doch nur ein Wort«, mag der eine oder andere denken. »Wir wissen doch alle, was gemeint ist. Diese bockigen Kinder, die ihrer Umgebung das Leben zur Hölle machen.«

Es ist eben nicht nur ein Wort.

Wörter erzeugen Realität.

Wörter haben Macht, und es tut Eltern und Kindern gut, wenn in Familien damit bewusst umgegangen wird. Ich schlage vor, sämtliches Vokabular aus dem familiären Sprachschatz zu tilgen, das auf mangelndes Verständnis und Mitgefühl schließen lässt. Kinder, die von ihren Gefühlen überflutet werden, »bocken« nicht, »zicken« nicht – und sind schon gar keine »Tyrannen«. Sie sind einfach nur kleine Leute, die versuchen, ihr Bestes zu tun. Manchmal gelingt das, und manchmal eben nicht so gut. Wer ein trauriges, verzweifeltes, frustriertes oder ratloses Kind als »bockig« oder gar als »Tyrann« bezeichnet, der sollte dringend darüber nachdenken, was er oder sie für ein Bild von dem Kind im Kopf hat.

Das Kind ist nicht der Feind!

Mein Freund Carsten hätte an dieser Stelle gesagt: »Ja, aber es gibt durchaus Kinder, die gemein zu anderen sind, sich respektlos verhalten, und die nicht mit Erwachsenen in Kontakt gehen können.«

Ja, die gibt es.

Aber das sind nicht die, denen mit besonders viel Einfühlungsvermögen begegnet wird, sondern das sind die, die sehr früh gelernt haben, dass die Welt ein Ort ist, an dem sie für die Erfüllung ihrer Bedürfnisse kämpfen und tricksen müssen, ein Ort, an dem Erwachsene ihr Vertrauen nicht verdienen, sondern gegebenenfalls ausnutzen.

*Nachdem unsere industrielle Zivilisation zerbrochen ist und die Zivilisation der Berührung begonnen hat, wird der Krieg aufhören, es wird keine Kriege mehr geben.* D.H. LAWRENCE

Autorin Dayna Martin fasst es in klaren Worten zusammen: »Wenn Kinder oder Teenager in eine Situation hineingezwungen werden, in der sie nicht sein wollen, werden sie zu Menschen, die sie von Natur aus nicht wären. Dann lügen, betrügen, stehlen und manipulieren sie und tun all die hässlichen Sachen, die wir angeblich verabscheuen. Aber diese Eigenschaften werden erst durch den Wunsch nach Freiheit erzeugt, nachdem sie kontrolliert und bestraft wurden und gezwungen wurden, gegen ihren Willen zu handeln.«[40]

Bei Erwachsenen finden wir das ganz normal. Zwing mich, und ich werde dir beweisen, dass es auch anders geht. Druck erzeugt Gegendruck. Im Kino feiern wir die Heldin, der der Chef sagt: »Wenn Sie den Knopf drücken, dann feuere ich Sie.« Und sie lächelt, drückt den Knopf und sagt: »Das werden wir sehen.«

Wir mögen Aufsässigkeit, wir mögen den Drang nach Freiheit. Weil wir natürlich im Kino wissen, dass die Heldin aus edlen Motiven heraus handelt. Vielleicht sollten wir dieses Wissen auch unseren Kindern zugutekommen lassen. Kein kleines Kind hat je aus einer anderen Motivation heraus gehandelt als der, sich selbst zu erhalten und die Welt um sich herum zu verstehen.

Dayna fährt fort: »Das ist für mich eines der traurigsten Ergebnisse, wenn ein Kind unter autoritären Eltern zu leiden hat. Sie verändern sich, und zwar drastisch. Sie werden etwas anderes als das, was sie eigentlich sein sollten. Die Verzerrung des menschlichen Zustandes ist ein schmerzlicher Nebeneffekt von Kontrolle und Angst.«

Man muss aber gar nicht so pathetisch werden, die Forschung zu den Ursprüngen von Gewalt spricht eine klare Sprache – und zwar nicht erst seit gestern.

Gewalttätig (also *wirklich* Tyrannen) werden Menschen, die in ihrer Kindheit Gewalt als Erfolgsmodell kennen gelernt haben. Über zwei Drittel aller Gewalttäter »sind Menschen, die sich schnell bedroht oder abgelehnt fühlen, und ihre Impulse darauf nur sehr schwer kontrollieren können.«[41]

Und wer fühlt sich abgelehnt? Jemand, der verstanden und gesehen wird, oder jemand, der bestraft und zurechtgewiesen wird?

Hören wir (als Gesellschaft) doch endlich einfach auf zu behaupten, einfühlsame Eltern würden Kinder zu Tyrannen machen. Wir sind nicht mehr in den 1950er-Jahren, die Naziideologie sollte allmählich mal überwunden sein, und doch, ein Klaps hat uns sehr wohl geschadet.

*Wie viele Kinder haben ihren ersten Unterricht in Gewalt »von denen, die man liebt«, nämlich von den eigenen Eltern erhalten und dieses Wissen dann an die nächste Generation weitergegeben! (...) Viele Väter und Mütter (...) haben fleißig die Rute geschwungen und das Liebe genannt. Wie aber war denn nun die Kindheit all dieser wirklich »verdorbenen Knaben«, von denen es zurzeit so viele auf der Welt gibt, dieser Diktatoren, Tyrannen und Unterdrücker, dieser Menschenschinder?* Astrid Lindgren[42]

Gewalttätige Erziehung schadet nicht nur Menschen als Individuen, sie schadet auch ganzen Gesellschaften – und hier beißt sich die sprichwörtliche Katze in den Schwanz. Der Soziologe Sven Fuchs weist in seinem politischen Arbeitspapier *Als Kind geliebte Menschen fangen keine Kriege an*[43] darauf hin, dass politische Führer in der Regel natürlich die Mehrheitsmeinung einer Nation abbilden, inklusive ihrer Gewaltbereitschaft. Von Hitler, Milosevic und Mao über Napoleon bis zu einer Reihe amerikanischer Präsidenten beleuchtet Fuchs die Kindheitserlebnisse von Kriegstreibern unterschiedlicher Couleur. Und immer wieder geht die Gleichung auf: Gewaltbereitschaft = Gewalterlebnisse in der Kindheit. Jeder Küchenpsychologe kann erklären, dass das mit Hilflosigkeit und dem Versuch zu tun hat, eigene Traumata in den Griff zu bekommen. Entsprechend findet sich auch bei so gut wie allen der 150 Mörder, die der Neurologe Jonathan Pincus untersucht hat, eine Kindheit, die »eher der eines Gefangenen in einem Konzentrationslager entspricht als denen eines Kindes zu Hause«.[44]

Dasselbe gilt für Terroristen. In einer Studie des BKA ging es um die Zusammenhänge zwischen rechts- oder linksextremer beziehungsweise islamistischer Gewaltbereitschaft und Kindheitserlebnissen der Täter. »In allen Familien standen deutliche familiäre Belastungen im Hintergrund, die sich in Suchterkrankungen der Eltern, Verlusterlebnissen und schwerster häuslicher Gewalt ausdrückten. In keinem Fall kann von einem intakten Elternhaus gesprochen werden.«[45] Die extremistische Gruppe wurde von den jungen Menschen entsprechend als Halt gebend empfunden. Wundert das jemanden? Mich nicht.

Sven Fuchs fasst zusammen: »Mir ist es bisher nicht gelungen, einen einzigen Diktator oder ähnlichen politischen Akteur zu finden – über den ausreichend biografisches Material vorliegt –, der als Kind nachweisbar Liebe und Fürsorge erfuhr und gewaltfrei von seinen Eltern erzogen wurde.«[46]

Diese Erlebnisse sind hoffentlich so weit weg von der Realität jedes einzelnen Lesers, jeder einzelnen Leserin dieses Buches, dass ich darauf nicht weiter eingehen möchte. Viel wichtiger für den Alltag »normaler« Personen ist die Erkenntnis, dass Menschen, deren Grenzen oft überschritten werden, zu »chronischen Opfern« werden können, weil sie sich mit ihrer Opferrolle abfinden und nicht in der Lage sind, entsprechende Gegenwehrmaßnahmen zu ergreifen.[47]

Ganz anders das Bild bei jungen Menschen, die sich weigerten, in den Krieg zu ziehen. Einer Studie, die die Kindheiten von Kriegsdienstverweigerern denen junger Menschen gegenüberstellte, die sich freiwillig meldeten, kam zu dem Ergebnis, dass »das Familienleben der (...) Kriegsdienstverweigerer (...) als überwiegend ruhig, freundlich, entspannt und sanft, ebenso wie stabil und sicher geschildert«[48] wurde. Die einzelnen Familienmitglieder konnten sich frei bewegen und ausdrücken, und in der Regel wurde niemand geschlagen. Zudem lebten die Familien der Kriegsdienstverweigerer soziale Ethik und Verantwortung.[49]

Können wir es also bitte sein lassen, kleine Kinder, denen in den meisten Fällen nichts fehlt, außer dass sie keine kleinen Erwachsenen sind, als Tyrannen zu bezeichnen? Können wir einfach mal aufhören damit, Eltern, die ihnen Liebe und Fürsorge zukommen lassen, ein schlechtes Gewissen dafür einzureden?

# Wo wir herkommen, wo wir hingehen

Ich war acht oder neun Jahre alt, wir hatten Schulsport. Am Ende der Stunde mussten wir die Turnmatten zurück auf den Mattenwagen tragen. Mir machte das Spaß, und ich war tatsächlich ein nettes, hilfsbereites Kind. Also half ich nach meiner Matte noch bei einer zweiten und trödelte dann als eine der Letzten durch die Halle zurück zu den anderen, die schon an der Wand standen – und tatenlos dabei zusahen, wie Joachim sich mit einer der Matten allein abmühte. Offensichtlich gefiel es meinem Klassenlehrer auch nicht so gut, dass der arme Junge die Matte allein schleppte, denn er sagte zu mir (anstatt dass er mal schnell selbst mit angefasst hätte), ich möge doch bitte diese Matte mit wegbringen. Ich hatte ja aber schon zwei getragen, und es passte nicht mit meinem Gerechtigkeitsempfinden zusammen, dass die anderen nichts taten, während nur zwei die Arbeit erledigten – die mir bis vor einer Minute ja durchaus noch Spaß gemacht hatte. Also sagte ich, lässiges Kind, das ich war: »Ich habe schon zwei Matten weggetragen, es kann auch jemand anders helfen.« Und dann ging ich gemäßigten Schrittes und mit pochendem Herzen und feuchten Händen zu den anderen an die Wand.

Ich weiß nicht mehr, ob Herr Heinrich – Gott habe ihn selig – mich dann am Arm packte und zwang, diese dumme Matte, die Joachim mittlerweile ans andere Ende der Halle gezogen hatte, mit auf den Wagen zu wuchten, oder ob er mich nur anschnauzte. Jedenfalls tat ich es letztendlich, und dann musste ich nachsitzen und einen Aufsatz zum Thema *Warum ich immer helfen soll, die Turnmatten wegzutragen* schreiben.

Meine Mutter war sehr stolz auf mich und sehr sauer auf Herrn Heinrich. Bis zu jenem Tag war ich übrigens wie die meisten Grundschüler der unerschütterlichen Meinung gewesen, Herr Heinrich sei der weltbeste Lehrer. Ich war bereit, ihm zu folgen, weil ich ihn respektierte und mochte. Nach diesem Tag, dieser aus meiner Sicht absolut ungerechten Fehleinschätzung der Situation, sanken mein Respekt und meine Kooperationswilligkeit in gleichem Maße.

Diese immer noch sehr lebendige Erinnerung stimmt gut mit dem überein, was wir aus der Motivationsforschung längst wissen: Menschen tun gern Dinge freiwillig. In dem Augenblick, wo das Freiwillige zur Pflicht wird, sinkt die Motivation.[50] (Mein Sohn sagte dazu: »Es ist komisch. Wenn ihr nicht da seid, macht es viel mehr Spaß, die Spülmaschine einzuräumen und die Wäsche zu waschen.«) Die Motivation sinkt schon in dem Moment, wo etwas belohnt wird. Am liebsten tun Menschen Dinge einfach *freiwillig*. Ohne Strafen, ohne Belohnungen, sondern weil sie sie tun *wollen* oder sich den unverrückbaren äußeren Umständen beugen (wie zum

Beispiel, dass schlicht keine Teller da sein werden, wenn man den Geschirrspüler nicht ausräumt).

Außerdem wissen wir: Kinder zu erniedrigen führt in der Regel nicht dazu, dass sie deswegen auf einmal der Meinung sind, der Erwachsene, der ihnen das antut, sei im Recht. (Menschen egal welchen Alters zu erniedrigen führt ganz allgemein nicht dazu, dass man plötzlich glaubt, der Erniedrigende sei im Recht.)

Warum flammt dann in der Erziehungsdiskussion immer wieder der Ruf nach »mehr Disziplin« auf?

Warum verhängen Eltern Stubenarrest oder schicken Kinder zur Strafe in ihr Zimmer, wenn es doch nicht nur nichts bringt, sondern auch noch die Beziehung stört?

Eine mögliche Erklärung wäre das, was meine Mutter einmal zu mir sagte: Wir können immer nur eine bestimmte Strecke zurücklegen. Wir können von einer Generation zur nächsten immer nur ein bisschen was verbessern. Und wenn man sich anschaut, wo wir herkommen, sind wir – als Gesamtgesellschaft – durchaus in recht kurzer Zeit ein ganzes Stück weit gekommen.

Eine andere mögliche Erklärung wäre, dass in vielen Köpfen »liebevoll« gleichgesetzt wird mit »grenzenlos«. Sie kennen vermutlich alle den alten, eher unlustigen Witz von der Frau in der Kassenschlange, der das Kind hinter ihr immer wieder den Wagen in die Hacken fährt. Als sie sich beschwert, sagt die Mutter des Kindes: »Tja, mein Kind darf sich eben frei entfalten.« Woraufhin die gepeinigte Frau mit den kaputten Hacken dem Kind ein Glas Honig über den Kopf schüttet und sagt: »Tja, ich darf mich eben frei entfalten.«

Machen Sie mal den Test und erzählen Sie diesen Witz in einer geselligen Runde. Ich wette tausend zu eins, dass früher oder später eine der folgenden Äußerungen fällt: »Die haben heute keinen Respekt mehr.« – »Das hätten wir uns nie getraut.« – »Richtig so. Man muss sich nicht alles gefallen lassen.«

Abgesehen davon, dass nicht das Kind den Honig auf dem Kopf verdient gehabt hätte, sondern die Mutter, stützt dieser Witz auch eine veraltete Weltsicht.

## Ausflug in die Geschichte

Um zu verstehen, warum wir ticken, wie wir ticken, kann ein Blick in die Geschichte helfen, und zwar nicht in irgendeine Geschichte, sondern in die Geschichte der Kindheit, wie Lloyd deMause, Sozialwissenschaftler und Psychologe, sie beschreibt. Er ist einer der Pioniere der Psychohistorie. Falls Ihnen dieser Begriff erst einmal nichts sagt, sind Sie damit nicht allein. Ganz grob heruntergebrochen, beschäftigt sich die Psychohistorie mit geschichtlichen Entwicklungen aus psychologischer Sicht, nachzulesen unter anderem in dem frei verfügbaren Werk *The Origins of War in Child Abuse* (also etwa »Die Ursprünge des Krieges im Kindesmissbrauch«).[51]

Den Psychohistorikern geht es also weniger darum, wann Karl der Wievielte mit wie vielen Kriegern welche Schlachten gewonnen hat, sondern darum, warum diese Schlachten überhaupt erst entstehen. Lloyd deMause sieht den Ursprung vieler gesellschaftlicher Entwicklungen in der Kindheit, und mir erscheint das als sehr nachvollziehbar. Er schreibt: »Die Historiker haben sich so sehr auf den lärmenden Sandkasten der Geschichte mit seinen phantastischen Burgen und großartigen Schlachten konzentriert, dass sie meist gar nicht zur Kenntnis genommen haben, was in den Familien und Häusern rund um diesen Spielplatz vor sich ging.«[52] Während die normale Geschichtsforschung sich damit befasst, welche Schlachten von damals zu welchen Schlachten von heute führten, betrachtet die Psychohistorie, wie »jede Generation von Eltern und Kindern« die entsprechenden Sachverhalte dafür schafft. »Seit Platon« ist bekannt, dass die Kindheit ein Schlüssel zum Verständnis von Kontinuität und Wandel in der Geschichte ist. Und sehr lange schon wird dieses Wissen auch gesellschaftlich genutzt – von Geburt an.

Michel Odent hat in seinem wegweisenden Buch *Geburt und Stillen* beschrieben, welche Möglichkeiten sich verschiedene Gesellschaften ausgedacht haben, um die Bindung zwischen Mutter und Kind möglichst nachhaltig zu stören, sei es die Trennung der beiden, kalte »Taufen« oder Sonstiges. Das geschah in der Regel nicht in böser Absicht, sondern weil möglichst harte und kämpferische Krieger gebraucht wurden. »Der wirksamste Weg, den Menschen zu einer Art Superraubtier zu machen«, schreibt Odent, »liegt darin, die Beziehung der Mutter zu ihrem Neugeborenen zu stören.«[53]

Doch Odent kratzt damit nur an der Spitze des Eisbergs, denn nach der Geburt ging es entsprechend weiter – oftmals geradezu alptraumhaft. Je weiter zurück man in der Geschichte blickt, desto unzureichender ist die Pflege und Fürsorge und desto größer die Wahrscheinlichkeit, dass Kinder getötet, ausgesetzt, geschlagen und sexuell missbraucht wurden, wie deMause in *Über die Geschichte der Kindheit* schreibt. Seine Beschreibungen sind derart grauenhaft, dass ich an dieser Stelle nicht ins Detail gehen möchte. Auf jeden Fall wird nach der Lektüre niemand mehr auf die Idee kommen, früher sei alles besser gewesen. Ist es nicht. Im Gegenteil. Jede Generation von Eltern hat über die Jahrhunderte ein winziges bisschen weniger angstgesteuert gehandelt und die Bedürfnisse ihrer Kinder ein winziges bisschen besser erkannt als die vorherige. Natürlich ist dieser Prozess nicht linear, es gab immer wieder Ausreißer und Rückschritte, doch im Großen betrachtet, wurde es nach und nach immer besser.

Diese Evolution der Eltern-Kind-Beziehung teilt deMause in sechs verschiedene Stufen (Modi) ein. Die ältesten und primitivsten reiße ich nur kurz an, einfach, um Verständnis dafür zu wecken, wo wir herkommen. Unter diesem Blickwinkel sind wir nämlich in vergleichsweise kurzer Zeit tatsächlich schon recht weit gekommen.

Die ersten Modi, die den Zeitraum von der Antike bis ins 18. Jahrhundert beschreiben, werde ich nur streifen, da sie für uns nicht von großer Bedeutung sind. Es soll an dieser Stelle genügen zu statuieren, dass die Geschichte der Kindheit seit prähistorischer Zeit geprägt ist von Grausamkeiten jeglicher Art unserem eigenen Nachwuchs gegenüber, um das eigene Überleben zu sichern, und weil es in der jeweiligen Zeit einfach normal war. Kinder wurden getötet (die Kindsopfer aus der Bibel sind keine sinnbildlichen Geschichten), vergewaltigt, ausgesetzt (Romulus und Remus), verbogen, zurechtgestutzt. Entsprechend betitelt deMause den primitivsten der Modi als »infantiziden Modus« und die darauffolgenden als »verlassenden«, »ambivalenten« und »intrusiven« Modus.

Während des letzteren sind erstmals Anfänge von Empathie bei Eltern erkennbar, wenn es auch in großen Teilen darum ging, die Kinder zu kontrollieren und zu unterwerfen.

Kinder wurden nun immerhin »nur noch« geschlagen und nicht mehr ausgepeitscht. Dafür nahm die psychische Kontrolle zu. Eltern in diesem Modus setzten sich permanent mit dem kindlichen Willen, den kindlichen Bedürfnissen, der kindlichen Sexualität auseinander und versuchten, diese zu kontrollieren. Und selbstverständlich hatten Kinder sofort zu gehorchen.

Ein Blick in die Geschichte zeigt uns, dass wir, obgleich wir manchmal hadern und unseren eigenen Ansprüchen nicht genügen mögen, wirklich schon weit gekommen sind – und wir alles daransetzen sollten, diese Errungenschaften zu behalten und zu pflegen, auch wenn wir Gegenwind bekommen. Die bei den für uns heute relevantesten Modi stelle ich Ihnen im Detail vor.

## Sozialisierender Modus (*socializing mode*)

Dieser Modus, der sozialisierende, ist es, der heute maßgeblich das Denken vieler Menschen bestimmt. Er begann etwa mit dem späten 18. Jahrhundert, hat unsere Gesellschaft geprägt und ist noch an vielen Stellen tonangebend (Schulpflicht, Arbeitskultur). Im sozialisierenden Modus geht es nicht mehr darum, das Kind zu kontrollieren, sondern darum, es auszubilden, anzupassen, zu sozialisieren – es auf den rechten Weg zu bringen.

Vielen Menschen – seien es Eltern, Pädagogen, Psychiater oder Politiker –, die in diesem Modus aufgewachsen sind, fällt es schwer zu sehen, dass es auch besser geht. Sie halten die »Beziehungsform Sozialisation« immer noch für die einzig denkbare und können daher auch nur in ihrem Rahmen über alles, was mit Kindern zu tun hat, diskutieren. Sie können sozusagen nicht »out of the box« denken, weil sie oftmals nicht mal wissen, dass sie in der Box sind oder dass es noch andere Boxen geben könnte.

Das sind dann genau die Leute, die nach mehr Disziplin und Strenge als Lösung aller Familienprobleme rufen und die nicht verstehen können, dass mehr Bindung und Vertrauen nicht automatisch Versagen bedeutet.

## Unterstützender Modus *(helping mode)*

Erst seit Mitte der 1970er-Jahre entwickeln wir gesellschaftsweit einen anderen Umgang in den Familien. Viele derjenigen, die jetzt Eltern sind oder Eltern werden, gehören entsprechend zu allerersten Generation derer, die nicht mehr erniedrigt und bestraft wurden. Oder sie sind sogar selbst die ersten, die in einer langen Ahnenkette ihre Kinder nicht mehr erniedrigen, um sie zu kontrollieren.

Das sollten wir immer im Hinterkopf behalten. Wir erfinden hier gerade eine Gesellschaft neu, und das geht mitunter nicht ganz ohne Ruckeln.

In diesem psychohistorisch gesehen noch brandneuen unterstützenden Modus gehen Eltern davon aus, dass das Kind selbst am besten weiß, was es in jedem Stadium seines Lebens braucht, und sie helfen ihm dabei. Was das alltäglich im Familienleben bedeutet, dürfte den meisten klar sein: Beide Eltern fühlen sich für das Kind verantwortlich. Sie versuchen, die Bedürfnisse des Kindes zu verstehen und zu erfüllen. Keine Schläge, keine Schelte, keine Strafen, keine aufoktroyierten »Gewohnheiten«. Schlicht und ergreifend: Das

Kind wird als Mensch behandelt, auf Augenhöhe. Dass das nicht immer einfach ist, vor allem, wenn wir noch unter den Nachwehen der Sozialisierung leiden, erfahren viele Eltern am eigenen Leib. Sie wollen es besser machen als die eigenen Eltern, sie wollen liebe- und verständnisvoller sein, doch in der Praxis scheitert das manchmal schon am abendlichen Zähneputzen. Deswegen brauchen wir uns nicht zu steinigen und uns selbst gegenüber wieder in den sozialisierenden Modus zu verfallen. Wir machen es einfach am nächsten Tag besser. Oder am übernächsten.

»Diese Form verlangt von beiden Eltern außerordentlich viel Zeit, Energie und Diskussionsbereitschaft, insbesondere während der ersten sechs Jahre«, schreibt deMause. Wer von uns kennt das nicht?[54]

**Die Evolution der Formen der Eltern-Kind-Beziehungen**

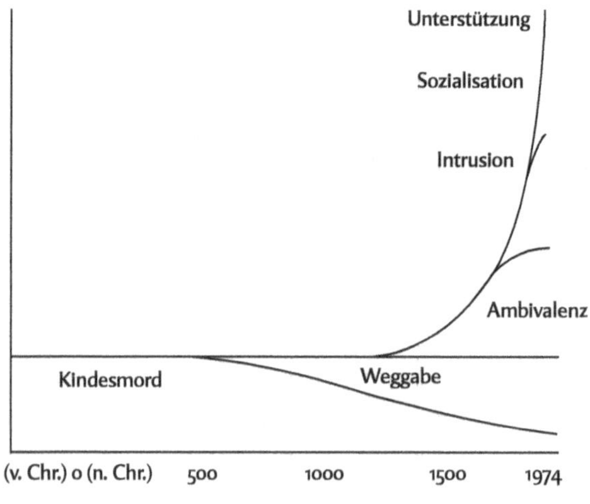


(Quelle: Lloyd deMause: Über die Geschichte der Kindheit, Frankfurt, 1979, S. 116)

Allen diesen Modi ist gemein, dass Eltern tatsächlich nie aus bösem Willen heraus handelten, sondern – vor allem während der späteren Modi – durchaus in dem Glauben, das Beste für ihr Kind zu tun. Wie wir ja auch. Es wird spannend werden zu sehen, wo wir uns in den nächsten Jahren und Jahrzehnten noch hin entwickeln.

## Erwachen aus dem Alptraum

Nach deMause ging im Laufe der Geschichte immer nur der »psychogenetisch jeweils fortgeschrittenste Teil der Bevölkerung in den fortgeschrittensten Ländern« zu einem neuen Modus der Eltern-Kind-Beziehung über.[55]

Wenn Sie dieses Buch lesen, ist die Wahrscheinlichkeit groß, dass Sie Ihre Grundhaltung größtenteils im »unterstützenden Modus« wiederfinden, das heißt, Sie bemühen sich nach Kräften, die Bedürfnisse aller Familienmitglieder zu erfüllen und den Grund hinter dem Tun Ihrer Kinder zu verstehen.

Ihr Ego darf jetzt kurz zwischendurch eine Party feiern. Zum »fortgeschrittensten Teil der Bevölkerung« zu gehören ist schon cool, oder? Ein Problem dabei ist, dass es an der Spitze verdammt einsam sein kann. Ein anderes, dass die Einbildung, man sei einsame Spitze, zwar dem Ego nützt, aber nicht dem Miteinander im Alltag.

Falls Sie richtig eingefleischte Disziplinfans in der Verwandtschaft haben, ist dort wiederum die Wahrscheinlichkeit groß, dass diese ihre Gedanken- und Gefühlswelt eher im »sozialisierenden Modus« sehen. Und das ist in Ordnung.

Es hat der Gesellschaft damals genützt und war genau das, was politisch gewollt war.

Alle Beziehungsmodi haben stets auch den Zeitgeist reflektiert, und Eltern fanden, obgleich sie der Meinung waren, im Familienleben private Entscheidungen zu treffen, immer das gut und wichtig, was der Gesellschaft in ihrem jeweiligen Zustand zugute kam. Wir sind da keine Ausnahme. Wer mir nicht glaubt, sollte sich Herbert Renz-Polsters Buch *Die Kindheit ist unantastbar* zu Gemüte führen.[56]

Im unterstützenden Modus ist neu, dass wir erstmals vom Kind und seinen Bedürfnissen ausgehen. Aber auch hier sind die meisten Eltern nicht frei von dem Spagat, das Kind dennoch fit machen zu wollen für die Gesellschaft, in der es sich irgendwann zurechtfinden muss. In der man Abschlüsse braucht, möglichst zweisprachig und weltgewandt aufzutreten hat, in der man Teamplayer und Individualist gleichzeitig sein muss, in der man Leistung bringen und zur selben Zeit empfindsam sein soll.

Wir haben es geschafft, gesellschaftlich so viele Zwänge um Familien herum zu errichten, dass man schon wirklich viel Mut und Vertrauen braucht, um aus ihnen auszubrechen und wirklich nur zu schauen, was das einzelne Kind, die einzelne Familie braucht. »Ich würde ja meiner Tochter auch öfter erlauben, zu Hause zu bleiben, aber wir sind in Bayern, und da ist die Zulassung zum Gymnasium echt wichtig«, sagte mir zum Beispiel mehr als eine Freundin. »Klar wäre es schön, wenn die Kinder einfach spontan und unstrukturiert Zeit miteinander verbringen könnten, aber wenn unser Kind das einzige ist, das nicht völlig verplant ist, verliert es den Anschluss.« Oder es ist sehr allein, weil alle anderen ein durchgetaktetes Leben haben, in dem für einfaches Spielen oder Abhängen ohne Verabredung kein Platz bleibt. (Ganz abgesehen davon, dass ein nicht durchgeplantes Leben eben, wenn die Kinder klein sind, auch bedingt, dass zumindest ein Erwachsener – meistens die Mutter – zur Betreuung zur Verfügung stehen muss.)

Ich habe keine allgemein gültige Antwort darauf, wie wir aus dieser Falle herauskommen. Ich kann nur auf die vielen Familien verweisen, die sich ein freieres, selbstbestimmteres Leben *wünschen*, und auf die wenigen, die den Sprung gewagt haben, das zu verwirklichen. Wenn wir alle nur einen kleinen Schritt in Richtung Freiheit tun, ist, glaube ich, schon viel gewonnen. Vor allem für unsere Kinder.

Wir leben in unsicheren Zeiten. Menschen haben das immer geglaubt, und sie haben auch immer geglaubt, dass das Leben immer schneller und unstabiler wird. (Natürlich mit dem Unterschied, dass das in der Retrospektive nie so war und nur heute wirklich so ist. Klar.) Tatsächlich hat uns die Globalisierung und Digitalisierung nicht nur materiellen Wohlstand und ein seltsam schwebendes Unsicherheitsgefühl beschert, sondern auch eine einmalige Chance.

Ich erinnere mich gut an einen Augenblick, als wir im Auto unterwegs waren. Es muss ungefähr 2013 oder 2014 gewesen sein. Eins der Kinder, geboren 2004, fragte: »Hat euer Auto eigentlich auch einen iPad-Halter?« In meinem Kopf war unser Wagen neu. Also, so gut wie neu. Umso erstaunter war ich, als mir klar wurde: »Als dieses Auto gebaut wurde, gab es noch keine iPads.«

Wir haben absolut keine Ahnung, wie die Welt in zehn oder zwanzig Jahren aussehen wird. Natürlich gibt es Zukunftsforscher, die sich mit diesen Fragen auseinandersetzen, und einige von ihnen prophezeien, dass es für eine Weile nicht besonders rosig sein wird. Industrielle Revolutionen haben immer gesellschaftliche Instabilität nach sich gezogen, und sie haben immer eine Sehnsucht nach einem besseren »Damals« mit sich gebracht, das es so nie gegeben hat. Und die Digitalisierung ist eine ganz besonders tiefgreifende industrielle Revolution, die Menschen teilweise zutiefst verunsichert und dazu führt, dass diese sich eine fiktive »gute alte Zeit« zurückwünschen. Deswegen sehen wir in vielen Ländern im Moment Politiker erstarken, die genau auf diese Sehnsucht setzen, und deswegen haben wir eben auch in der Familiendiskussion viele Stimmen, die sich Zucht und Ordnung zurückwünschen.

Ich wünsche mir etwas anderes als zurückzufallen in eine Zeit, die einfach nicht mehr da ist. Ich wünsche mir das für unsere Kinder, unsere Familien und unseren Planeten. Und ich bin damit nicht allein.

Michel Odent schreibt: »Damit die Erde bewohnbar bleibt – und ich weigere mich, diese Hoffnung aufzugeben – muss das Raubtier ›*Homo carnivorus*‹ am Ende dem ›*Homo oecologicus*‹ Platz machen. Kennzeichnende Merkmale des *Homo oecologicus* werden sein, dass er Gemeinsamkeiten mit anderen betont, ein globales Bewusstsein ausbildet und außerdem fähig ist, eine grundlegende Achtung vor ›Mutter Erde‹ zu entwickeln. Sämtliche drängenden Probleme, mit denen die Menschheit sich derzeit konfrontiert sieht, hängen mit der Liebesfähigkeit zusammen, die auch die mitfühlende Sorge um ungeborene Generationen mit einschließt.«[57]

Diese »mitfühlende Sorge« ist etwas, das dann wesentlich leichter entsteht, wenn Menschen sie auch erfahren. Wer mit seinen Verletzungen und Traumata beschäftigt ist, hat keine Kapazitäten frei, sich um die großen Probleme der Welt zu kümmern. Und die mitfühlende Sorge ist es auch, die Menschen dazu bringt, sich zu engagieren, freiwillig, weil sie sehen, wo etwas getan werden muss, und sie sich einbringen möchten.

# Warum Probleme auftauchen können

Weil alles neu ist und weil die Welt sich ändert, ist Rat von außen zwar manchmal gut. Ab und an kommen Eltern sogar ohne einen klugen Blick anderer nicht weiter. Aber dabei ist es wichtig, darauf zu achten, wes Geistes Kind der Ratgebende ist. Wer sich nach Kräften bemüht, mit seinem Kind auf Augenhöhe Konflikte zu lösen, dem ist wenig gedient mit einem »Da musst du einfach mal durchgreifen«.

Bei jedem Stolperstein in den sozialisierenden Modus zurückzufallen, bringt uns weder persönlich noch gesellschaftlich weiter. Es mag anstrengend sein, aber letztlich bleibt in solchen Phasen nur: Genau hinsehen und sich nicht verunsichern lassen.

Stattdessen schlage ich vor, etwas absolut Revolutionäres zu tun, etwas, das so in der Geschichte der westlichen, patriarchalen Welt bisher kaum stattgefunden hat. Und das ist:

- Aufhören zu meckern
- Verstehen
- Authentisch sein

- Klar sein
- Eigene Zweifel ernst nehmen, aber ihnen keine Macht einräumen
- Ehrlich sein vor sich selbst

Probleme per se sind nicht schlimm, wichtig ist nur, wie wir damit umgehen und welche Bedeutung wir ihnen zuweisen. Solange die Richtung stimmt, kann nicht viel schiefgehen. Seien wir also gnädig, freundlich und sanft – vor allem auch mit uns selbst.

Meiner Erfahrung nach gibt es im Wesentlichen drei Ursachen, aus denen heraus Probleme in Familien entstehen:

- fehlende Grenzen/Grenzwahrnehmung/Grenzkommunikation der Eltern (da kann das Kind nichts dafür),
- nicht erfüllte Grundbedürfnisse und kurzfristige Herausforderungen: Stress in der Familie durch Trennung der Eltern/Umzug/Streit mit den Großeltern und ähnliches (da kann das Kind nichts dafür),
- strukturelle Umgebungsprobleme beziehungsweise Aufeinandertreffen unterschiedlicher Welten: Familien im unterstützenden Modus treffen auf eine Welt im sozialisierenden Modus (auch da kann das Kind nichts dafür).

Remo Largo nennt die letzten beiden Punkte in seinem Buch *Das passende Leben* »Misfit-Konstellationen«. Umstände also, in denen Individuum und Umwelt nicht zusammenpassen. Wir schauen sie später genauer an.

Welche Gründe auch immer es hat, wenn in Familien der Haussegen schief hängt – es lohnt sich, sie an der Wurzel zu packen und nicht nur oberflächlich zu behandeln. Der Atomkraftunfall in Tschernobyl 1986 kündigte sich lange vorher an, aber jemand hängte einen Hut über die Warnlampe, um nicht von dem lästigen Blinken gestört zu werden. Es ist schlau, in Familien lieber die Warnlampe ernst zu nehmen und auf Notsignale der Kinder zu achten.

Kinder spüren in der Regel als erstes und mit sehr feinen Antennen, wenn etwas im Gefüge nicht stimmt, sei es für sie persönlich oder insgesamt in der Familie. Sie spüren Unterschwelligkeiten und Lügen. Mein Freund Scott Noelle vergleicht das mit den Kanarienvögeln, die die Kumpel in den Anfangszeiten des Bergbaus mit in die Minen nahmen. Die winzigen Tiere mit ihren empfindlichen Lungen reagierten viel schneller auf mögliche gefährliche Gase als die Menschen.

»Auf gewisse Weise leisten unsere Kinder uns einen ähnlichen Dienst«, schreibt Scott.[58] »Wir sind so darauf konditioniert, Stress zu tolerieren, dass wir es oft nicht schaffen, ihn abzubauen, aber unsere sensiblen Kinder haben diese Toleranz nicht. Sie fühlen *unseren* Stress oft, bevor *wir selbst* es tun! Wenn Ihr Kind also besonders gereizt oder reaktiv scheint, ist es eine gute Idee, sich zu fragen, ob er oder sie *Ihren* Stress spiegelt. Gehen Sie in Ihren Körper und Ihre Emotionen hinein und gestatten Sie sich zu *fühlen,* was da ist.«

Er schlägt dann vor, seinem Kind innerlich dafür zu danken, dass es einen mit der eigenen »inneren Führung« in Kontakt gebracht hat.

## Grenzen

Über Grenzen wird gern gesprochen. Kindern müsse man beizeiten Grenzen setzen, sonst würden sie über Tisch und Bänke gehen und – Sie erraten es – kleine Tyrannen werden. (Wer aufgepasst hat, entdeckt hier die Wenig-Vertrauen-und-viel-Kontrollbedürfnis-Überreste des sozialisierenden Modus.)

Dabei ist das so unsinnig. Man muss Grenzen nicht künstlich »setzen«, niemand muss das, niemandem. Weder Kindern noch Erwachsenen muss man willkürlich Grenzen *setzen*. Jeder gesunde Mensch *hat* Grenzen. Die muss man nur, um mit Jesper Juul zu sprechen, *kommunizieren*.

Eigentlich bedeutet das nichts anderes, als sein Gegenüber, ob klein oder groß, ernst zu nehmen und auf Augenhöhe zu behandeln.

Gesagt ist das leicht, das im echten Leben umzusetzen ist aber manchmal gar nicht so einfach. Denn um Grenzen kommunizieren zu können, muss man sie erst einmal spüren. Aber woran liegt das? Wieso ist es manchmal so irrsinnig schwierig, die eigenen Grenzen klarzumachen? Warum merken viele Menschen erst, wenn es zu spät ist, dass ihre Grenzen überschritten wurden – und fangen dann an, sich erschrocken zu wehren, notfalls mit Gewalt? Ich glaube, dass das Nachwehen aus dem sozialisierenden Modus sind. Die meisten, die jetzt Eltern junger Menschen zwischen null und 18 Jahren sind, wurden in ihrer Kindheit zumindest zum Teil noch gründlich »sozialisiert«. Wenn man zwanzig Jahre lang gelernt hat, dass die eigene Grenze nicht so wichtig ist, verlernt man, sie zu spüren. Und wer sie nicht spürt, kann sie auch nicht kommunizieren.

Was meine ich damit?

Einmal natürlich die Klassiker, klar.

Tante Anne kommt übers Wochenende, und obwohl sie, wie die Erwachsenen finden, sehr nett ist, kann das Kind sie aus nur ihm bekannten Gründen nicht leiden. Tante Anne also betritt das Haus, ist entzückt, das Kind zu sehen (das natürlich wieder sehr groß geworden ist) und umarmt es, weil sie eine herzliche Person ist und alle sich zur Begrüßung umarmen. Das mag nett gemeint sein, aber es ist ein Grenzübertritt. Eltern können in so einem Fall helfen, indem sie das Kind eben nicht dazu anhalten, »nett« zu sein, sondern der Tante erklären, dass die Umarmung nicht gewünscht ist. Ohne Beschuldigung, ohne verdrehte Augen.

Oder das elendige Teilen und Abgeben. Mama hat Besuch eingeladen, ihre beste Freundin und deren Kind, nennen wir es Lisa. Das eigene Kind hat überhaupt gar keine Lust auf Lisa – nicht automatisch ist das Kind der besten Freundin auch die beste Freundin des eigenen Kindes. Und schon gar nicht mag es Lisa mit dem wunderbaren neuen Lego-Traktor oder der Lieblingspuppe spielen lassen. »Ich will nicht, dass mein Kind so ein doofes Kind ist, das nie abgeben kann«, sagte eine Mutter zu mir. Sie legte viel Wert darauf, dass sie nett mit ihren Kindern umging, also sollten diese doch bitteschön auch »nett« zu anderen sein. Auch zu Lisa. An dieser Stelle hilft es, sich dieselbe Situation mit anderen Hauptdarstellern vorzustellen. Mein Mann hat Besuch, ich kann den Typ nicht leiden, und seine Frau schon mal gar nicht. Ich bin erwachsen, also lächele ich und mache Smalltalk, was ganz prima klappt bis zu dem Augenblick, an dem mein Mann sagt: »Nun lass die Corinna auch mal an deinen neuen Rechner! Sie hat sich doch selbst kein Spielzeug mitgebracht.« Spätestens in dem Augenblick antworte ich: »Ich glaub, es hackt!« Unsere Kinder können das aber noch nicht ausdrücken, vielleicht auch mit acht, zehn oder vierzehn Jahren noch nicht. Sie brauchen dabei unseren Schutz und unsere Hilfe und kein »Sei freundlich und gib Lisa was ab«. Nur so können sie über die Jahre lernen, was viele Erwachsene heute noch nicht können: die eigene Grenze zu achten.

Viele solche Kleinigkeiten summieren sich am Ende. Entweder spürt man die eigene Grenze nicht mehr, wenn man oft genug gezwungen wurde, sie übertreten zu lassen, oder – was meiner Beobachtung nach noch häufiger vorkommt – man hat ein grauenhaft schlechtes Gewissen dabei, sie kundzutun.

Wie viele Erwachsene leiden darunter, dass sie nicht »Nein« sagen können? Ich selbst habe mir im Alter zwischen 20 und 25 mindestens zwei Freundschaften damit kaputtgemacht, dass ich damit Schwierigkeiten hatte und dann gern auch mal mit mehreren Verabredungen zur selben Zeit jonglieren (und am Ende natürlich dennoch jemandem absagen) musste. Der jeweils Geprellte war nicht entzückt. Meine Freundin Maja dagegen trifft keine Doppelverabredungen, aber sie bleibt viel zu lange in Geschäftsbeziehungen, die ihr längst mehr schaden als nützen, aus Angst, der anderen Seite wehzutun. Oder meine Freundin Tina, die ständig am Rande des Burnouts ist, weil sie in der Firma die Fehler der Kollegen auffängt und alles an ihr hängen bleibt. Ich bin sicher, Sie selbst könnten spontan auch aus Ihrem Leben eine Handvoll Beispiele aufzeigen, bei denen erwachsene Menschen Probleme damit haben, ihre Grenze zu wahren. Der Einfachheit halber werde ich dieses Phänomen im Folgenden unter dem dramatischen Wort »Grenzstörungen« zusammenfassen, wohl wissend, dass es diese in den unterschiedlichsten Ausprägungen gibt.

Wo diese Grenzstörungen unter Erwachsenen zu Missverständnissen und Ärger führen, sind sie in der Familie ebenso fatal, und das auf zweierlei Weise: Wenn Kinder ständig erleben, dass – warum auch immer – über ihre Grenze gegangen wird, lernen sie, dass diese nicht geachtet werden muss. Wenn sie im anderen Extremfall in einer Welt von Erwachsenen aufwachsen, die ständig erlauben, dass über ihre Grenzen gegangen wird, können sie die eigenen Grenzen nicht spüren lernen. Wir Erwachsenen sollten also dringend daran arbeiten, unsere eigenen Grenzen (wieder) zu erkennen, damit wir sie klar kommunizieren können.

## Was sind »Grenzen« überhaupt?

Vielleicht ist Ihnen das Bild aus Jesper Juuls Buch *Das kompetente Kind* geläufig, in dem er zunächst ein Strichmännchen zeigt, um das ein Kreis gezeichnet ist – willkürlich um eine Person, in dem Fall ein Kind, errichtete Grenzen aus von anderen aufgestellten Regeln und Normen, die es einengen und in seinem Ausdruck beschränken. Dem stellt Juul das Bild zweier Menschen gegenüber, die eine Art Schirm vor sich halten – die eigenen, persönlichen Grenzen.

Dazu passt das Bild der Urzelle, das meines Wissens nach das erste Mal durch die große pädagogische Vordenkerin Rebeca Wild im Zusammenhang mit zwischenmenschlichen Grenzen benutzt wurde. (Folgende Skizzen habe ich mir vor Jahren in einem Seminar bei Terence Dowling gemacht.)

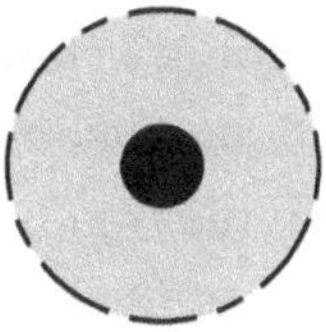

Was bedeutet Urzelle? Es fängt eigentlich damit an, dass die Erde wüst war und leer. Aus dieser Ursuppe entwickelten sich irgendwann Einzeller, lebende Organismen, und erstmals gab es ein Innen und ein Außen. Beide standen miteinander im Austausch. Das ist wichtig. Die Zelle war kein abgeschottetes, isoliertes Wesen, sondern hatte eine halbdurchlässige, eine semipermeable Membran, durch die Informationen und Nährstoffe in sie herein und aus ihr hinaus gelangen konnten. Auch das ist wichtig, denn ohne den Austausch mit der Umwelt wäre die Urzelle sehr schnell gestorben.

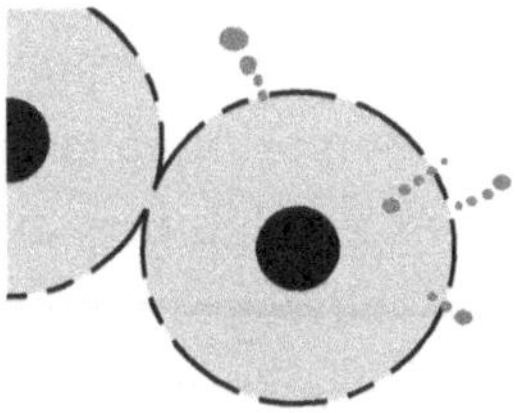

Auf den Menschen übertragen wäre der Zellkern entsprechend unser »Ich«, unser innerster Kern, unsere Person, die uns ausmacht. Umgeben ist er von unserem »Raum«. Rein körperlich kennen wir das alle. Fremde Menschen lassen wir in der Regel nicht gern näher als auf Armeslänge an uns heran. Aber auch im metaphorischen Sinne gilt das. Wir sind umgeben von einem Feld aus Ideen, Wertmaßstäben, Vorlieben, und an der halbdurchlässigen Grenze, die dieses Feld umgibt, findet der Austausch mit unserer Umgebung statt. Und diese unsichtbare Grenze ist auch der Ort, an dem gesunder Kontakt stattfindet.

Der Psychologe Terence Dowling vertritt die These, dass wir bereits im Mutterleib und unter der Geburt darauf programmiert werden, wie unsere ureigene Grenze später ausgeprägt ist: gesund und halbdurchlässig (und damit fähig, schädliche Einflüsse zu erkennen und auszufiltern), oder zu offen beziehungsweise zu geschlossen. (Wie genau die einzelnen Ausprägungen zustande kommen, würde hier zu weit führen.) Verstärkt werden diese Tendenzen während der ersten Lebensjahre.

Was passiert, wenn unsere Grenzen gestört sind, zu geschlossen oder zu offen?

Manche Menschen sind irgendwann sehr früh zu dem Schluss gekommen, dass die Welt nur dann ein sicherer Ort ist, wenn sie sich vor ihr abschotten und nur wenig von ihrem Innersten nach außen dringen lassen beziehungsweise wenig Neues von außen zu sich hereinlassen. Das kann in Beziehungen jeder Art schwierig werden, weil das Gegenüber dadurch das Gefühl bekommt, nicht an den anderen Menschen heranzukommen, ihn nicht wirklich spüren zu können und kennen zu lernen. Stattdessen läuft man im übertragenen Sinn die ganze Zeit gegen Wände. Das ist für keinen der Beteiligten schön.

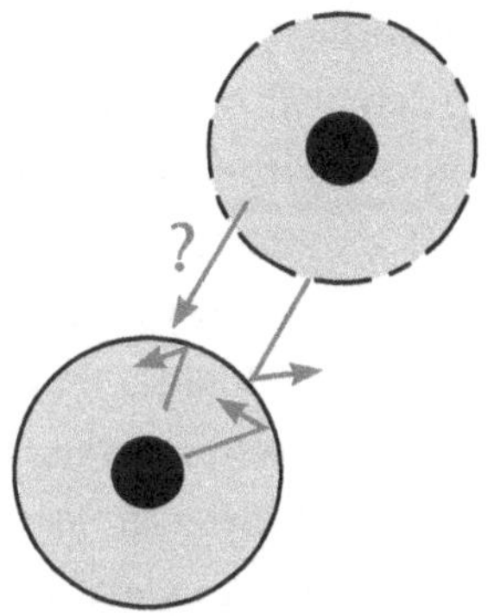


Der gegenteilige Fall tritt ein, wenn Grenzen in der einen oder anderen Richtung zu offen sind: Entweder merken die betroffenen Personen erst viel zu spät, dass ihre Grenze längst überschritten wurde, und reagieren dann unangemessen, oder sie merken selbst nicht, dass sie ihre eigene Grenze ständig von innen heraus überschreiten, was vom Gegenüber als Angriff wahrgenommen werden kann.

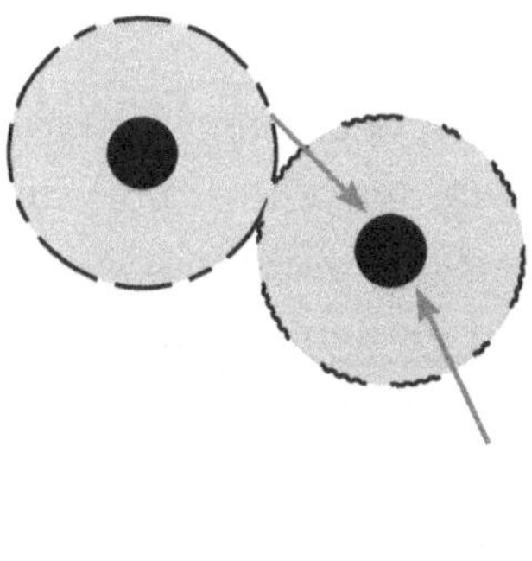

Fall eins ist ein Klassiker besonders bei Müttern nach der Babyzeit. Wir sind dann oft so daran gewöhnt, unsere eigenen Bedürfnisse hintanzustellen, dass es schwierig sein kann, sie überhaupt wieder wahrnehmen zu lernen, vor allem, wenn das mit einer Kindheitserfahrung einhergeht, bei der sie ständig überschritten wurden, während die eigenen Kinder es jetzt besser haben und empfindsamer begleitet werden sollen.

An der Stelle lohnt es sich wirklich aufzupassen und – auch, wenn einige das vielleicht nicht gern hören werden – nicht »Freiheit« mit »Grenzenlosigkeit« zu verwechseln.

Kürzlich wurde ich in einem Restaurant Zeuge eines Familienfests. Offensichtlich feierte ein älterer Herr seinen Geburtstag. Am Tisch war auch ein etwa zehnjähriger Junge, dessen Mutter gleich beim Hereinkommen verkündete, wie wenig kindgerecht diese Umgebung sei. Kurz darauf pustete der Junge die Kerze auf dem Tisch aus, woraufhin der ältere Herr sagte, es sei sein Geburtstag und er habe diese Kerze gern an. Der Junge pustete sie wieder aus. Ein zweites Mal sagte der Herr, dass er die Kerze gern angezündet lassen wolle, und wieder pustete der Junge sie aus. Und noch einmal. Das Drama schaukelte sich noch ein wenig hoch und endete damit, dass die Eltern des Jungen wutschnaubend das Lokal verließen, weil die Entfaltungsfreiheit ihres Kindes eingeschränkt sei.

Das ist ein Fall, bei dem meiner Meinung nach in der Kommunikation zwischen den Eltern und ihrem Zehnjährigen (der Junge war nicht drei!) eindeutig etwas schiefgelaufen ist. Kindern ist nicht gedient damit, wenn wir es zulassen, dass sie den Wünschen und Grenzen anderer gegenüber achtlos sind. Vielleicht war dieser Junge müde vom Tag, vielleicht hatte er keine Lust zu dem Familienessen, vielleicht hatte es gerade Streit zu Hause gegeben, all das weiß ich nicht. Ich habe nur diese eine kleine Szene miterlebt, in der er über eine deutliche und freundlich kommunizierte Grenze hinwegging und dabei durch seine Eltern unterstützt wurde.

Von meinem Tisch und aus der Distanz heraus beobachtet, denke ich, dass es diverse Möglichkeiten gegeben hätte, den dadurch entstandenen Familienstreit frühzeitig abzuwenden. Wenn der Junge erschöpft war, hätte er nicht mitkommen müssen; wenn ihm langweilig war, hätte einer der Erwachsenen – es waren genug davon am Tisch – mit ihm etwas spielen können; wenn sowieso schon Streit in der Luft lag (worauf die Äußerung der Mutter über eine wenig kindgerechte Umgebung schließen ließ), hätte dieser vielleicht ohne das Kind geklärt werden können. Dann wären die Grenzen des Kindes und des alten Herrn geachtet worden.

Eine andere Grenzüberschreitungsgeschichte erzählte mir ein Freund, ich will ihn hier Robert nennen, als wir uns über das Thema meines Buches unterhielten. Robert war zu Besuch bei seinen Eltern, und auch seine Schwester mit ihrem achtjährigen Sohn war dort. Im Haus gab es eine Glasschiebetür, und der Achtjährige erforschte diese, indem er sie immer wieder auf- und zuschob. Das stellte zunächst kein Problem dar. Irgendwann jedoch begann der Junge, die Tür derart heftig zuzuknallen, dass sie schepperte. Roberts Schwester sah zu und freute sich am Entdeckerdrang des Kindes. Die Tür schepperte heftiger. Sie freute sich immer noch. Als Robert zu dem Jungen sagte: »Du, das ist nicht gut für die Tür, die geht davon kaputt«, ließ der Kleine sich davon nicht stören, sondern schob die Tür so vehement hin und her, dass sie aus der Halterung sprang. Weder Roberts Schwester noch ihr Mann sagten etwas dazu, baten um Entschuldigung oder halfen dabei, die Tür zu reparieren.

Wenn mir solche Geschichten zugetragen werden, stehe ich mit offenem Mund da und sage nur: »Aber *das* meine ich nicht mit freiheitlichem, respektvollem Umgang!«

»Aber das ist das, was zu Missverständnissen führt«, entgegnete Robert, und ich musste ihm leider Recht geben.

Wie Grenzen wahrgenommen werden, ist sehr individuell, und auch, zu welchem Zeitpunkt man sie spürt und kommuniziert, ist eine individuelle Angelegenheit. Ich bin zum Beispiel von Natur aus jemand, die ihre Grenze gern zu spät merkt. Ich habe eine Weile gebraucht, um sie rechtzeitig zu spüren, denn eigentlich kann ich sehr lange sehr vieles erdulden, um des lieben Friedens oder eines höheren Ziels willen, weil etwas nicht wichtig genug ist oder warum auch immer. Ich ertrage stundenlang House-Musik, ohne mit der Wimper zu zucken, ich steige stoisch über Berge von liegengebliebenen Schuhen im Flur, das macht mir alles nichts aus. Bis … tja, bis es mir eben ganz plötzlich dann doch etwas ausmacht. Inzwischen sage ich dann sofort und solange es noch freundlich geht: »Stopp. Ich kann nicht mehr. Das stört mich.«

Es ist Übungssache, die eigene Grenze rechtzeitig wahrzunehmen – und das dann auch zu sagen. Solange es noch auf eine Art und Weise geht, die der andere auch gern annehmen mag. Und solange man nicht anfängt, sinnlos (verbal) um sich zu schlagen, weil man auf einmal merkt, dass der andere schon vor Stunden in den eigenen Raum eingedrungen ist.

Der zweite Fall der zu offenen Grenzen sieht so aus: Jemand hat in der Kindheit gelernt, dass die Umgebung eher zögerlich damit ist, seine Bedürfnisse zu erfüllen. Er oder sie wird also ständig die eigenen Grenzen von innen heraus überschreiten, um von der Umgebung eine Antwort zu fordern. Dieses von der entsprechenden Person als absolut normal empfundene Verhalten erscheint dem Gegenüber dann oft als Angriff. Ein Klischeebeispiel dafür: Die Mutter oder

Schwiegermutter, die nur helfen will. Vielleicht selbst in einer Mangelsituation nach dem Krieg aufgewachsen, hat sie gelernt, dass die Umgebung nicht freiwillig hergibt, was sie braucht. Sie muss sich dafür anstrengen, immer. Also tut sie das. Sie ist fleißig, wuselt und schafft und kann es schwer ertragen, still zu sein. Am Ende des Tages ist sie erschöpft und enttäuscht davon, dass die Umgebung ihre Anstrengungen nicht permanent würdigt, sondern sich vielleicht sogar davon überrannt und gestört fühlt.

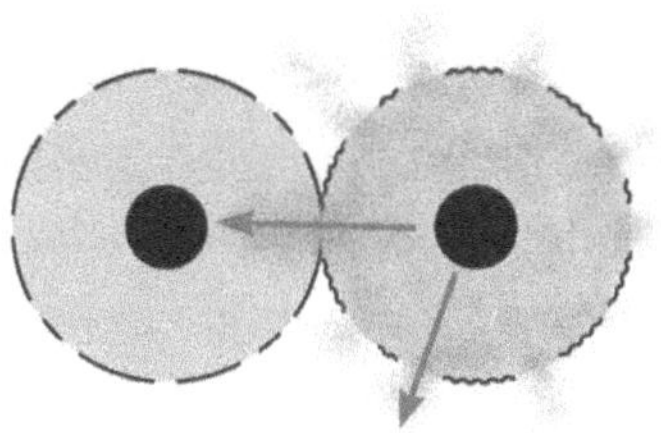

Ich gebe Ihnen ein weiteres laienpsychologisches Praxisbeispiel, wie Grenzstörungen Familiengefüge beeinflussen können. Eine Frau, nennen wir sie Amelie, tut sich mit einem Mann, Markus, zusammen. Markus hat irgendwann sehr früh im Leben erfahren, dass es besser ist, nicht zu viel von sich preiszugeben. In der Regel verbinden wir uns ja mit Menschen, deren Verhaltensmuster unsere ergänzen. Amelie wird also möglicherweise in dem Versuch, Markus dennoch im Innersten zu erreichen, besonders »bohrend« und nachdrücklich zu kommunizieren versuchen, ihre Grenzen also von innen heraus übertreten. Das empfindet wiederum Markus als Angriff und fährt die Schotten hoch, denn er hat gelernt, seinen inneren Kern gut zu schützen. Irgendwann bekommen die beiden ein Baby. Dieses Baby wird möglicherweise aus der Sehnsucht heraus, seinem unerreichbaren Vater nahe zu sein, ebenso »nervig« nachbohren wie seine Mutter. Oder eben die väterlichen Verhaltensmuster annehmen und sich damit mögliche innige Verbindungen erschweren.

Es lohnt sich also, wenn wir als Erwachsene ganz genau auf unsere Grenzen achten – und sei es nur, um keinen Unsinn weiterzugeben.

## Grenzen achten heißt nicht rumerziehen

Die Überschrift dieses Abschnitts lässt sich auf zwei verschiedene Arten lesen – welche haben Sie instinktiv gewählt?

Dort könnte stehen: *Grenzen achten heißt nicht: rumerziehen.* Oder: *Grenzen achten heißt: nicht rumerziehen.* Beides sind letztlich zwei Seiten derselben Münze, je nachdem, von welcher Perspektive Sie schauen. Wenn Sie eher aus der bedürfnisorientierten Ecke kommen, krausen sich Ihnen bei dem Begriff »Grenzen achten« vielleicht die Fußnägel, und all die alten Erziehungsideen, die wir als Gesellschaft gerade über Bord werfen, tauchen vor Ihrem inneren Auge auf. Wenn Sie eher an Ordnung und Disziplin glauben, ist es möglicherweise genau anders herum, und Sie denken sich »Aber hallo, natürlich muss man Grenzen setzen!«

Egal, wo Sie herkommen, bleiben Sie einfach eine Weile bei mir.

Wenn Sie Ihre eigene Grenze achten, dann ist es wichtig, dass es wirklich *Ihre* ist, der Punkt, an dem Sie authentisch und individuell sagen: »Dieses oder jenes will ich nicht. Bis hierher und nicht weiter.«

Das kann sehr freundlich und respektvoll geschehen, und niemand muss sich dabei hinter sinnentleerten Regeln verstecken. Natürlich ist das unter Umständen anstrengender als das alte Dasgehörtsichso, weil es verhandelbar ist und situationsabhängig.

Als Alltagsbeispiel taugt schon etwas Kleines wie das Sitzenbleiben bei Tisch nach dem Essen. Im sozialisierenden Modus gab es bei vielen Familien die Regel: »Es wird sitzen geblieben, weil sich das so gehört.« Bei meinem Freund Christian zu Hause war das so – Sie erinnern sich. Der Junge, der seinem Vater die Pantoffeln bringen musste. Dort wurde am Tisch gesessen, aufrecht, und gemeinsam gespeist, bis der Vater beschloss, dass das Mahl zu Ende war und die Kinder in ihre Zimmer und die Mutter in die Küche verschwinden durften. Ich bin sicher, sie haben gelernt, wie man sich benimmt. Aber das haben wir auch, obwohl es bei uns zu Hause wesentlich lauter und lebendiger zuging.

Als Eltern war meinem Mann und mir das Sitzenbleiben am Tisch nie wichtig, einfach aus der Situation heraus, dass wir eine Dreipersonenfamilie mit einem kleinen Kind waren, das beim gemeinsamen Sonntagsfrühstück wesentlich schneller aufgegessen hatte als wir erwachsenen Vielfraße, die wir danach auch noch dreimal Kaffee nachschenkten. Was für eine Zumutung wäre es für einen Vierjährigen gewesen, diese Zeit gelangweilt auf seinem Hintern zu verbringen und mit den Beinen zu schlenkern, wo doch der Legokran wartete! Anders sah es aus, wenn seine beiden »Nachbargeschwister« zu Besuch waren. Dann fand ich es fair, wenn alle sitzen blieben, bis das letzte Kind aufgegessen hatte – und auch dem Familienklima zuträglicher. Denn wenn ein Kind aufstand, standen alle auf, egal, ob satt oder nicht. Und zwei hungrige Kinder wollte ich nicht im Haus haben, da war meine Grenze erreicht.

Ein paar Jahre später hatte eines der Kinder eine Phase, in der es das Essen sehr zelebrierte, langsam aß und viel redete. Was für die anderen beiden wiederum anstrengend war. Also vergnügten das Langsamesserkind und ich uns dann beim Essen und Erzählen, während die anderen schon aufstanden und die Treppenrutsche aufbauten, oder was auch immer gerade anstand. (Heute ist mein Sohn 15 und kann durchaus sitzen bleiben, wenn die Situation es erfordert, und er weiß, welches Besteck zu welchem Essen benutzt wird und welches Glas wann angemessen ist – solche Dinge muss man nicht ein Leben lang trainieren, wenn die Kinder ganz anderes zu tun haben. Wer Wert auf »Tischmanieren« legt, dessen Kinder werden sie lernen, selbst wenn sie als Zweijährige am liebsten heidelbeerbreiverschmiert auf dem Küchentresen essen.)

Anders war es bei meiner Freundin, die inzwischen sieben Kinder hat. Damals waren es vier, davon zwei Pflegekinder. Sie hatte also rund um die Uhr vier nahezu gleich alte Kinder im Haus. Jeden Tag neu aushandeln zu müssen, wer wann den Tisch verlässt, wäre – Sie ahnen, was ich sagen will – über ihre Grenze gegangen. Deswegen war es im Sinne des Familienfriedens wichtig, dass es die Regel gab, dass am Tisch sitzen geblieben wurde, bis das letzte Kind aufgegessen hatte. Das hatte nichts mit auf Teufel komm raus eingeforderten Manieren zu tun, sondern schlicht damit, die »Funktionsfähigkeit« der Person zu erhalten, die in dieser Familie zu diesem Zeitpunkt am schwierigsten zu ersetzen war – der Mutter.

Authentische Grenzen sind also immer individuell und situationsabhängig. Gleichzeitig kann man sagen: Die eigene Grenze zu achten ist die respektvollste Art, miteinander umzugehen und den anderen ernst zu nehmen. Dadurch achtet man automatisch die Grenze des Gegenübers mit. Es bedeutet, sich nicht hinter sinnentleerten Regeln zu verstecken, sondern einfach zu schauen, was im Moment gilt. Das ist einerseits anstrengender als das alte Regelwerk, weil man wirklich ehrlich mit sich sein und viel aushandeln muss. Andererseits ist es auch ehrlicher und für alle Beteiligten auf Dauer entspannter. Ich schreibe bewusst »auf Dauer«, weil das nicht notwendigerweise in jeder Situation so ist.

Als unser Sohn klein war, hatten wir eine wunderbare Babysitterin, Stephie. Stephie war ebenso wenig wie Oma »Fremdbetreuung«, im Gegenteil. Wenn klar war, dass Stephie abends kam, wartete mein Sohn den ganzen Nachmittag auf sie, und von dem Augenblick an, in dem sie das Haus betrat, waren wir abgemeldet. Stephie las vor, spielte mit Engelsgeduld Kaufladen, baute Lego, und wenn wir um elf aus dem Theater kamen, fanden wir zwei überaus gut gelaunte Menschen zu Hause vor. Irgendwann – glücklicherweise, als das Kind groß genug war – zog Stephie weg und wurde selbst schwanger. Eines Tages schrieb sie mir: »Ich habe dein Babybuch gelesen, und endlich weiß ich, was bei euch anders war als in den Familien, die ich sonst kannte. Ihr habt ihn von Anfang an ernst genommen.«

Natürlich freute ich mich, aber ich gebe zu, dass ich auch erst einmal ein wenig schlucken musste. Weil ich uns nicht »anders« fand. Wir taten nur das, was uns logisch erschien und sich richtig anfühlte. Es war einfach immer selbstverständlich, dass ein Mensch, egal welchen Alters, selbst entscheiden kann, wie lang seine Haare sind, oder ob er mit Schlafanzug, Rock, Feuerwehruniform oder Astronautenanzug in den Kindergarten geht (oder gar nicht). Wir verfolgten damit keine Agenda des Andersseins, wir lebten schlicht zusammen.

Dass das eventuell doch ungewöhnlich ist, merkte ich nur, wenn Kinder zu uns ins Haus kamen, die sich erst einmal orientieren mussten. Die meisten verstanden recht schnell, dass die Treppe bei uns zwar darauf ausgelegt ist, dass man sie mit Matratzen bedecken kann, um darauf runterzurutschen, dass man diese Matratzen aber dennoch bitteschön nicht mit Schokocremefingern hochklettern sollte. Oder dass das Wachs für das Fackelprojekt nicht im besten Topf des Hauses erhitzt wird.

## Grenzen erkennen, benennen, kommunizieren

Noch einmal zurück dazu, wie es in der Praxis aussieht, die eigene Grenze zu achten. Als wir darüber sprachen, wies mich Liane Emmersberger, Stillberaterin, Elterncoach und erfahrene Mutter, darauf hin, dass zwischen Empfinden und Kommunizieren noch ein weiterer Schritt liegt: das Benennen. Um nach außen kommunizieren zu können, was mit uns los ist, gewaltfrei und ohne übergriffig zu werden, müssen wir unserem Empfinden erst einmal für uns selbst einen Namen geben können. Die drei Schritte zu einer erfolgreichen Grenzkommunikation sehen also so aus:

1. Rechtzeitig erkennen
2. Rechtzeitig benennen
3. Rechtzeitig kommunizieren

»Rechtzeitig« ist dabei das Zauberwort. Wer schon darum kämpft, nicht auszurasten, hat zu lange gewartet. Früh genug zu begreifen, was mit einem selbst geschieht, ist allerdings

Übungssache und klappt nicht immer unbedingt sofort. Das ist auch nicht nötig, Eltern müssen nicht perfekt sein.

Erkennen kann darin bestehen, dass man einfach ein Engegefühl in der Brust verspürt oder das Bedürfnis, rumschreien zu wollen, oder sich hilflos fühlt.

Benennen bedeutet, das für sich selbst in Worte zu fassen: Ich kann nicht mehr, ich bin wütend, dass meine Anweisungen nicht beachtet werden, ich fühle mich ungesehen, ich weiß nicht weiter. Benennen kann Selbstreflexion beinhalten, und manchmal ist es damit schon getan. »Ich fühle mich hilflos, weil das, was mein Kind gerade tut, meine ererbten Glaubenssätze sprengt«, wäre so ein Beispiel. Vielleicht genügt eine solche Erkenntnis schon, um sich selbst darüber klar zu werden, ob man diese Glaubenssätze im eigenen Leben haben möchte oder nicht. In anderen Fällen könnte Benennen aber auch sein: »Ich habe für mich das sehr dringende Bedürfnis, eine halbe Stunde lang nicht auf Legosteine zu treten« oder »Ich habe keine Kraft, und ich sehe es auch nicht ein, die Küche zum dritten Mal aufzuräumen«.

Der dritte Schritt besteht dann darin, das zu kommunizieren. Gewaltfrei. In Ich-Botschaften. »Ich will nach dem Legospielen ein aufgeräumtes Wohnzimmer haben.« »Ich will nicht, dass ihr jetzt Pudding kocht.«

Eine Mutter erzählte mir, dass es ein langer Weg für sie war, dorthin zu kommen. »Ich war so darauf trainiert, leistungsfähig zu sein und alles perfekt hinzubekommen, dass es eine Weile gedauert hat, bis ich merkte, wenn meine Grenze erreicht war. Vorher habe ich es oft zu spät gemerkt und dann mit den Kindern geschimpft – weil das Wohnzimmer schon wieder unordentlich war, nachdem ich gerade geputzt hatte, oder weil sie zu laut waren, wenn ich Ruhe brauchte.«

Sicherlich kennen Sie das in irgendeiner Form von sich selbst. Vor ein paar Seiten erwähnte ich, dass ich zu den leidensfähigen Kandidaten gehöre, die von Natur aus erst sehr spät merken, wenn ihre Grenze vor gefühlten drei Stunden überschritten wurde. Inzwischen kann ich beizeiten Halt sagen – und ich schwöre, wenn ich das gelernt habe, kann es jeder. Inzwischen ist es bei uns so, dass ich sehr früh ankündige, wenn ich nicht mehr kann, weil ich unausgeschlafen bin, meine Hormone Tango tanzen oder warum auch immer. Dann sage ich schlicht: »Kinder, ich bin heute gefährlich und habe eine sehr kurze Lunte. Seid vorsichtig mit mir.« An solchen Tagen wissen sie, dass ein lächelndes »Jetzt nicht« ganz, ganz wirklich »jetzt nicht« bedeutet und keinesfalls: »Vielleicht doch, wenn ich oft genug nachhake«. Und sie wissen auch, dass, falls ich dann doch herumbrülle, das nichts mit ihnen persönlich zu tun hat, sondern ausschließlich mit meinem Zustand.

Dieses Wissen hat nicht zuletzt damit zu tun, dass sie im Alltag oft genug erleben, dass wir sie ernst nehmen und versuchen, die Bedürfnisse aller, so gut es geht, unter einen Hut zu bringen.

Kinder brauchen oft noch Hilfe dabei, die eigenen Grenzen erkennen, benennen, kommunizieren zu können. Als Beispiel möchte ich noch einmal den Besuch der fiktiven Lisa heranziehen. Lisa will die Lieblingspuppe, das eigene Kind mag sie aber nicht abgeben. Was tun? Aida de Rodriguez von *elternmorphose.de* hat dafür eine einfühlsame Lösung:[59]:

1. Ich **respektiere die Entscheidung meiner Kinder** und **helfe ihnen bei Bedarf**. Ich lasse sie nicht in ihrer Not und Überforderung alleine.

2. Ich frage nach, ob das eine Kind eventuell eine **Alternative** haben kann und **tröste** gegebenenfalls das andere Kind. Oft sind beide Kinder ja sogar meine eigenen.
3. **Ich besorge mir eigenes Spielzeug**, welches ich (!) dann ausleihe. So habe ich zu Hause eine Kiste mit eigenem Spielzeug und gehe niemals auf dem Spielplatz ohne meine eigene Schippe.
4. »Oh, warte mal, das ist Paulas absolute Lieblingspuppe. Ihr Baby sozusagen. Hier, nimm doch meine Puppe.«

Wenn man so oder ähnlich handelt, fühlen sich alle gesehen und respektiert, niemand bleibt außen vor, und das eigene Kind lernt, Worte für das zu finden, was bei ihm passiert.

## Verantwortung übernehmen

Das ist ein sehr wichtiger Punkt. Die eigene Grenze hat mit einem selbst zu tun und nicht mit dem anderen. Dazu gehört nicht nur, sie zu erkennen, zu benennen und zu kommunizieren, sondern auch, sie als die eigene anzunehmen, mit allem, was dazugehört.

Erkennen äußert sich zunächst in Gefühlen, meist Wut, Hilflosigkeit, Traurigkeit. Aber es ist meine Wut, nicht die meines Kindes. Deswegen ist es unfair zu sagen: »Du machst mich wütend.« Es ist meine Wut und Hilflosigkeit, nicht die meines Kindes. Niemand muss schreien, weil jemand anderes dies oder jenes getan oder nicht getan hat, und als Eltern sind wir diejenigen, die für die Grundemotion im Haus verantwortlich sind.

Auch dann und gerade dann, wenn Vierjährige nicht »gehorchen«. Es gibt eine Situation, an die ich mich erinnere, als wäre es gestern gewesen. Ich weiß nicht mehr, worum es ging, ich weiß nur noch, dass ich knisternd wütend war und darunter hilflos, ungesehen und vollkommen ratlos, was ich denn noch tun sollte, um das Kind zur Einsicht zu bewegen. Also sagte ich zu meinem Sohn, mühsam beherrscht: »Ich habe das explizit verboten. Ich will das nicht. Warum tust du es dann?« Und er antwortete schlicht und ehrlich: »Ich wollte es trotzdem tun.«

So einfach.

Ich wollte das tun.

In meinen Worten wäre es vielleicht gewesen: »Ich musste das tun, um meine Welt weiter zu entdecken und zu verstehen. Ich konnte mich daran nicht einfach so hindern lassen.«

Ich erinnerte mich daran, was Joseph Chilton Pearce in *Die magische Welt des Kindes* geschrieben hat: »Ein Kind unter sechs Jahren kann nicht bewusst ungehorsam sein. Es folgt nur seinem angeborenen Instinkt, die Welt zu verstehen.«

Das war einer der Schlüsselmomente in unserem Familienleben. Mein Sohn tat, was er tun »musste«. Er konnte nichts dafür, dass ich wütend wurde. Es war meine Wut, weil ich mich übergangen gefühlt habe (und vielleicht Angst hatte, dass er vom Schuppendach fällt – wie gesagt, ich weiß nicht mehr, worum es ging). Möglicherweise rannten in meinem Inneren auch unbewusste alte Glaubenssätze über elterliche Autorität zornig an eine Wand, ich weiß es nicht. Seither versuchen wir noch stärker, die Bedürfnisse aller bewusst zu sehen. Du willst auf das Schuppendach klettern – gut, lass uns sehen, wie wir das sicher hinbekommen, so, dass ich mit einem guten Gefühl danebenstehen kann. Oder: fein, aber lass uns bitte erst essen, und dann komme ich mit.

Ich möchte noch einmal Aida de Rodriguez zu Wort kommen lassen, denn sie fasst es sehr schön zusammen:

»Es sind am Ende unsere Gedanken und unerfüllte Bedürfnisse, die uns wütend machen!

Die Antwort über und auf unser Wütendsein ist in uns. Es sind nicht die anderen. Nicht unsere Kinder. Nicht ihr Verhalten. Es sind wir selbst. Es ist unser inneres Kind, das sich danach sehnt, von uns liebevoll in den Arm genommen zu werden.«[60]

Auf fast magische Weise wiederholen sich oft Dinge, die in der eigenen Kindheit nicht gelöst worden sind, sodass dieses »innere Kind«, von dem Aida spricht, sie lösen kann und nicht länger wütend sein muss.

Als ich zwölf oder dreizehn war, gab es für meinen Bruder und mich kaum ein größeres Vergnügen, als von unserem Carportdach durch das Dachfenster in das Zimmer meines Bruders zu steigen.

Mein Vater war nicht amüsiert. Geht nicht, das mit dem Dachfenster, sagte er. Davon gehen die Ziegel kaputt. Wir waren ja durchaus schon diverse Male dort ein- und ausgestiegen, ohne dass ein einziger Ziegel gemuckt hätte, aber wir ließen es. Nicht unbedingt, weil wir es einsahen, sondern vor allem, weil wir wussten, dass es sonst ein Donnerwetter hageln würde. Bis heute finde ich, dass dieses Dachfenster es absolut herausfordert, dass man dort hinein- und hinausklettert.

Äpfel fallen ja in der Regel nicht weit vom Stamm, deswegen war ich erst einmal sehr stolz, als ich eines Tages nach

Hause kam und mich das jüngste der Teilzeitkinder glücksstrahlend fragte: »Hast du gesehen, dass Max da an der Hausseite hängt?« Ich schaute mich um. Über die Regenrinne an der anderen Seite baumelten Seile. Max war ganz oben, in der Nähe des Firstes auf der Dachfläche, mein Sohn daneben am Fenster.

*Verboten!*, flackerte meine innere Warnlampe, *Dachziegel! Donnerwetter!* »Jungs?«, hab ich gesagt, »Ich weiß, wie viel Spaß das macht, und ich würde es super gern erlauben, aber wenn da nur einer von den Ziegeln kaputtgeht …«

»Wir haben doch noch Ersatzziegel.«

Klar, und alle haben unglaublich Lust, das Dach neu zu decken. Ich dachte nach, ich überprüfte meine Grenze. »Dachdecker und Schornsteinfeger laufen ja auch auf Dächern …«

Wir diskutierten eine Weile. Sie erklärten mir den Auftrittswinkel und überlegten, ob es vielleicht eine Option wäre, an den oberen Dachfenstern nicht nur die Seilsicherung, sondern auch noch ein großes Brett zu befestigen, das die Kräfte besser verteilt. Lösungsfindung vom Feinsten, aber es war alles nicht das Gelbe vom Ei.

Wir waren bald wieder bei den gebrochenen Ziegeln, durch die dann gegebenenfalls Wasser eindringt und die Dämmung durchnässt und zu einem Wasserschaden führt und …

»Wisst ihr was?«, habe ich schließlich gesagt. »Ruft Opa an. Fragt ihn, wo man so auf Dachziegel treten kann, dass sie nicht kaputtgehen. Oder ruft einen Dachdecker an und lasst euch das erklären.«

So wichtig war es dann doch nicht, und kurz darauf begann es zu regnen. Die Seile, Klettergurte, Karabiner und

Abseilbremsen wurden dazu umfunktioniert, zwei Sitzsäcke in die Lufträume im Haus zu hängen, und ein paar sehr glückliche Teenager verbrachten danach diverse Nachmittage in ihren selbst gebauten Hochseil-Hängematten, während eine sehr glückliche Mutter wieder ihrer Arbeit nachgehen konnte.

Ich hatte meine Grenze gewahrt, niemand hatte sich ungesehen oder überwältigt gefühlt – und niemand war wütend geworden.

Mein Vorschlag: Achten Sie das nächste Mal darauf, wenn Sie wütend werden, was die Wut wirklich auslöst. Es ist nicht notwendig, dabei in jeder Situation »perfekt« zu sein, es genügt, wach zu sein und ehrlich vor sich selbst.

»Wenn ich auf meine 15-Jährige wütend werde, glaube ich, dass ich in dem Moment selbst das Problem bin. Ich bin dann eh schon gereizt und angespannt (vom Job, der vielen Arbeit und manchmal eben auch durch andere, eigene Problemchen), sodass ich mich dann von ihr persönlich angegriffen und verletzt fühle. Im Nachhinein suche ich dann das Gespräch mit ihr, und das klappt auch gut. Sie sieht, dass ich auch nur ein Mensch mit Nerven und Gefühlen bin, und dass ich dafür einstehe.« *(Sabine)*

Diese Ehrlichkeit und Kommunikationsbereitschaft ist laut Martin Dornes' Erkenntnissen genau das, was die Lebensqualität in Familien heute so gut macht. Für Kinder und Jugendliche besonders wichtig sind: »emotionale Wärme, keine zu starke elterliche Kontrolle, eine gute Kommunikationsqualität mit den Eltern, das heißt verständnisvolle Verfügbarkeit als Ansprechpartner für Probleme im Bedarfsfall, keine zu große Dominanz der Eltern und schnelle Versöhnung nach einem Streit«.[61] Später im Text heißt es, Kinder fühlen sich besonders dann ernst genommen, wenn die Eltern ihre Forderungen begründen, also partnerschaftlich und diskursiv mit ihnen umgehen. Die Zufriedenheit in den Familien fördern außerdem »ein durch Liebe, Wertschätzung und Unterstützung geprägtes Familienklima, gemeinsame Aktivitäten mit den Eltern und genügend Freiraum«.

Wunderbar, zu wissen, dass das, was der gesunde Menschenverstand sagt, auch wissenschaftlich belegbar ist – und zwar mit deutlich mehr Daten als der Ruf nach mehr Disziplin und Unterordnung.

Achten wir also die Grenzen aller, so gut wir können, übernehmen wir die Verantwortung für unsere Gefühle und lassen uns von den kleinen und großen Herausforderungen des Alltags nicht scheu machen.

## Kurzfristige Herausforderungen

Manche unschönen Situationen in Familien entstehen durch kurzfristigen Stress und sind entweder vermeidbar oder schnell zu beseitigen. Sie bedingen sich oft gegenseitig und lassen sich zusammenfassen unter:

- unbefriedigte Grundbedürfnisse
- fehlende Unterstützung/fehlendes »Dorf«
- Umstellungen/Trennung/Umzug

In *Slow Family* haben Nicola Schmidt und ich die »Familienbedürfnispyramide« vorgestellt. Sie basiert auf der Maslow'schen Bedürfnishierarchie, nach der zuerst die Grundbedürfnisse eines Menschen erfüllt werden müssen, bevor die »höheren« Bedürfnisse erfüllbar sind. In einem komplexen Familiensystem jedoch greift alles noch stärker ineinander als bei Einzelpersonen.

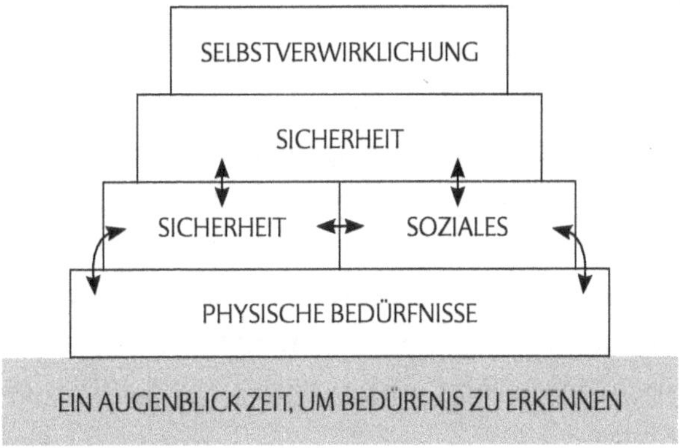


(Quelle: Schmidt, Nicola und Dibbern, Julia: slow family. Sieben Zutaten für ein einfaches Leben mit Kindern. Weinheim 2017, S. 42)

Aber auch hier stehen an allererster Stelle die körperlichen Bedürfnisse (und zwar die des Kindes und der betreuenden Person, auch wenn Erwachsene Grundbedürfnisse länger schmerzfrei ignorieren können). Deswegen möchte ich mit diesen anfangen.

## Hunger

Wer kennt das nicht? Ein Familienmitglied (sagen wir: das Kind) wird jammerig, zappelig, hektisch, genervt, und ein anderes Familienmitglied (sagen wir: die Mutter) versucht, zunehmend verzweifelt, herauszufinden, woran das liegt. »Du kannst gern das blaue T-Shirt anziehen.« »Ich WILL das blaue T-Shirt nicht!«

So banal es klingt, oft wird in solchen Fällen Hunger übersehen. Mir wurde der Zusammenhang zwischen Hunger und überdrehtem Kind erst klar, als mein Sohn bereits drei Jahre alt war. Selbstregulation hin oder her – der Junge gehörte immer zu den Kindern, für die die Welt so spannend ist, dass sie das Essen schlicht vergessen. Eines Tages waren wir bei Freunden, und irgendwann in einem Nebensatz sagte meine Freundin: »Meine Fünfjährige wird ungenießbar, wenn sie Hunger hat.«

In dem Augenblick klickte es bei mir. Ich kannte das, dieses Hochdrehen, Unkonzentriert-Werden, Nicht-mehr-ansprechbar-Sein. Es baute sich innerhalb von Minuten auf. Also begann ich, darauf zu achten, und mehr als einmal kam es vor, dass ich, bevor es wirklich »losging«, meinem Sohn eine Banane in die Hand drückte.

Als er älter wurde, gab es solche Situationen immer seltener, aber auch dann geschah es noch, dass er sich an – für mich – nichtigen Problemen festbiss und ich irgendwann sagte: »Lass uns kurz was essen, danach besprechen wir das.«

Das letzte Mal ist das, glaube ich, passiert, als er ungefähr zwölf war. Wir wollten in den Urlaub fahren, und es war noch so viel zu tun – Sie kennen das alle. Ich wuselte also durchs

Haus, zackig, ein bisschen hektisch, und dabei hörte ich, wie die Kinderstimmen im Garten schriller und lauter wurden. Vor allem die meines Sohnes (die anderen Kinder hatten zu Hause ein ordentliches Mittagessen bekommen). »Der muss dringend was essen«, fuhr ich meinen Mann an, worauf der schlicht entgegnete: »Du auch.«

Jede Familie hat so ihre Baustellen. Selbst unser Hund dreht auf, wenn er hungrig ist, und selbst er findet den Rest der Welt dann trotzdem noch interessanter als das Futter. Wenn man solche Muster aufgedeckt hat, kann man damit arbeiten. Es lohnt sich, ab und zu die Mutter zu sein, die unaufgefordert aufgeschnittenes Obst ins Kinderzimmer trägt. Obst und Gemüse eignen sich deswegen besonders gut, weil sie wirklich die Vitamin- und Mineralienspeicher füllen und nicht nur mal schnell satt machen wie Kekse. Schnelle, nahrhafte Mahlzeiten für zwischendurch bringen am besten den Blutzuckerspiegel hoch, aber nicht durcheinander.

Geeignet sind zum Beispiel Bananen, Äpfel, Nüsse, Mohrrüben, Nektarinen, Gurken oder Kohlrabi. Bei vielen Familien beliebt sind auch Shakes beziehungsweise Smoothies, in die man vieles hineingeheimnissen kann. Bei uns war zum Beispiel eine Zeitlang ein grüner Shake der Renner, den ich in der Phase, als Drachen cool und das Interesse am Essen gering waren, entdeckt habe. Für den Drachen-Power-Shake kommen die folgenden Zutaten in die Küchenmaschine: Banane, Reismilch, Mandel- oder Cashew-Mus, eventuell etwas Honig, Blattspinat oder anderes Grünzeug nach Wahl, außerdem Eiswürfel. Falls das Grün getarnt werden soll, ist auch die Heidelbeer-Variante sehr lecker. Hierfür fügen Sie einfach noch Heidelbeeren, am besten tiefgefrorene Früchte, hinzu.

Meine Freundin Nicola Schmidt schreibt nicht ohne Grund: Diskutiere nie mit einem hungrigen Kind. Aus eigener Erfahrung würde ich hinzufügen: Diskutiere ebenso wenig mit einem hungrigen Teenager oder einem hungrigen Erwachsenen. Bringt nichts. Macht einen Shake, setzt euch gemeinsam damit aufs Sofa und besprecht das Ganze in Ruhe.

## Müdigkeit

Angelehnt an »Diskutiere nie mit einem hungrigen Kind« haben wir im *artgerecht*-Planer 2015 den Text: *Diskutiere nie mit einem müden Kind*. Anhängen ließe sich: *sondern erfülle das Bedürfnis*. Was, wie wir alle aus der Praxis wissen, nicht unbedingt die einfachste Sache der Welt sein muss. Nicht immer korreliert Müdigkeit mit dem Wunsch, ins Bett zu gehen. Je müder und überdrehter das Kind, desto weniger. Deswegen ist es hier besonders sinnvoll, rechtzeitig achtsam zu sein und die Situation richtig einzuschätzen.

Über Baby- und Kinderschlaf sind ganze Bücher geschrieben worden. Dies hier ist keins davon. Hier geht es nur darum, rechtzeitig wahrzunehmen, was das (mögliche) Problem ist, und sich nicht durch kindliche Aufgedrehtheit persönlich angegriffen zu fühlen. Manchmal ist die Lösung ein einfaches »Lass uns vorlesen gehen« – und manchmal eben nicht. Natürlich variiert das auch von Kind zu Kind und von Familie zu Familie, genau wie es sich mit dem Alter ändert. Es hilft nur: aufmerksam sein, achtsam sein, alles nicht zu ernst nehmen und die Lösung suchen, die für die jeweilige Situation passt. Wenn es nicht die erste ist, die man ausprobiert, ist es möglicherweise die zweite.

Als wir einmal von einem Langstreckenflug nach Hause kamen, erlebte ich ein Beispiel für die zweite Lösung. Ich hatte im Flugzeug geschlafen, und trotzdem war ich platt. Mein Plan sah vor: den Hund holen, mit Kind und Hund noch ein wenig Sauerstoff tanken, schlafen gehen. Klar ist das das Beste für alle Beteiligten. Der Plan des Kindes sah vor: den Hund Hund sein lassen und zu den Nachbargeschwistern hinüberlaufen. »Iss wenigstens noch schnell was.« Er nahm sich eine Banane und verschwand. Um neun – immerhin 23 Stunden nach dem Aufstehen – rief ich ihn herein. Zeit ins Bett zu gehen. Fand ich. Fand er nicht. Mein Mann hielt sich raus. Das Kind war ganz klar jenseits von müde und ebenso klar nicht im Mindesten geneigt, dieser Müdigkeit nachzugeben. Ich versuchte, nett und sinnvoll zu argumentieren – keine Chance. Als nächstes probierte ich, »durchzugreifen« – noch weniger Chance. Sein Bedürfnis, wieder in sein Leben zu Hause einzutauchen und draußen mit den anderen zu spielen, war um so vieles größer als das, was ich zu bieten hatte, dass er schließlich wutschnaubend und »blöde Mama« schimpfend verschwand, während ich grummelnd den eigenen Wutklumpen in meiner Brust nährte. »Aber nur noch eine Stunde!«, brüllte ich ihm nach. »Und dann kommst du gefälligst nach Hause!« Mir ist das deswegen so in Erinnerung geblieben, weil ich in der Situation tatsächlich aus meiner eigenen Müdigkeit heraus nicht mehr klar war und mit meinem sinnlosen Gemecker Grenzen überschritten habe, die ich nicht hätte überschreiten müssen. Ich brauchte eine Weile – wussten Sie, dass es acht Minuten dauert, bis der Hormoncocktail, der bei Wut ausgeschüttet wird, abgebaut ist? –, um wieder sinnvoll mit mir reden zu können, aber dann fragte ich mich: *Warum* ist es mir denn so wichtig, dass er reinkommt, wenn ich das will? Damit ich recht habe? Damit ich mich durchgesetzt habe? Und was ist denn bitteschön das Schlimmste, was passieren kann, wenn er draußen bleibt und mit den anderen durch die Gärten stromert? Ja, vielleicht streiten sie sich, weil er übertaktet ist. Vielleicht haut er sich irgendwo das Knie an, weil er nicht so koordiniert ist wie sonst. Und ja, vielleicht ist er am Montag in der Schule müde. Aber … *so what*? Davon wird die Welt nicht untergehen.

Ich rief ihn also wieder herein, sagte ihm, dass er einfach auf sich aufpassen solle und heute ohne mich ins Bett gehen müsse, weil ich in den nächsten zehn Minuten sonst umkippen würde. Wir nahmen uns in den Arm, er ging spielen und ich ins Bett.

## Bewegung

Ein Grundbedürfnis, das in unserer sitzenden Gesellschaft gern übersehen wird, ist: Bewegung. Menschen sind nicht dafür gemacht, über Stunden annähernd bewegungslos in derselben Position zu verharren, und kleine Menschen ganz besonders nicht. Wo Erwachsene sagen mögen: »Ich habe heute zu viel am Computer gesessen, ich muss mich dringend mehr bewegen, um nicht zu fett zu werden«, geht es bei Kindern um sehr viel mehr.

Je kleiner sie sind, desto mehr ist Bewegung ihr Schlüssel zur Welt. Bewegung und Entdeckung kann so wichtig sein, dass alles andere dafür vernachlässigt wird. Klaus Fischer, Professor an der Universität in Köln, beschäftigt sich seit Jahren intensiv mit dem Thema, und er schreibt, Bewegung ist die erste und wichtigste Kommunikationsform eines kleinen Kindes. Darüber hinaus ist sie vor allem »das entscheidende Mittel, um im vorsprachlichen Entwicklungsalter den Dialog zwischen dem Kind und seinen Bezugspersonen in Gang zu setzen«.[62]

Bewegung macht also klug, und Bewegung hilft zu kommunizieren. Das nur, falls Sie im Gespräch mit den Großeltern einen unmittelbaren Nutzen vorweisen müssen, um das Bedürfnis der Kinder zu erklären.

Aus der Erfahrung mit vielen Familien heraus möchte ich noch ergänzen: Bewegung an und für sich ist großartig. Turnverein, Kletterwand im Zimmer, Matratzenrutsche auf der Treppe… Alles sehr gut. Aber nichts toppt die Bewegung draußen, am besten im Wald oder am Wasser, und zwar egal, wie das Wetter gerade ist. Ein im Wald durchgetobtes Kind ist in der Regel ein glückliches Kind. (Solange es nicht zu viel Hunger hat – siehe oben.)

## Selbstwirksamkeit

Menschen wollen etwas bewirken, und sehr junge Menschen sind da nicht anders als erwachsene. Jeder, der einmal in einer Situation war, in der er oder sie sich hilflos ausgeliefert gefühlt hat, und sei es nur wegen einer Kleinigkeit, kann sich vorstellen, wie frustrierend es sein muss, wenn man keinen Einfluss auf seine Welt nehmen kann.

Das Bedürfnis nach Selbstwirksamkeit geht Hand in Hand mit dem Bedürfnis nach Bewegung. Erinnern wir uns: Bewegung setzt den Dialog des Kindes mit seinen Bezugspersonen in Gang. Das Kleinkind krabbelt auf den Vater zu, er hockt sich hin, lacht und streckt die Arme aus. Handlung bewirkt etwas, und das macht zufrieden.

Deswegen ist es so wichtig, dass wir unsere Kinder nicht ersticken unter zu vielen Neins und Dastutmannichts, sondern ihnen (unter Wahrung unserer eigenen Grenzen) so viel Erfahrungsraum ermöglichen, wie wir irgend können. Wenn sie als kleine Kinder erfahren, dass das, was sie tun oder äußern, Auswirkungen hat, gehen sie später auch fröhlich hinaus und haben die Power, der Welt genau ihr eigenes, ganz persönliches Geschenk zu überreichen. (Abgesehen davon natürlich, dass sie das sowieso jeden Tag allein durch ihr Sein tun.)

Nachdem mein Sohn das erste Mal mehrere Tage allein war, kamen mein Mann und ich nach Hause, und die Spülmaschine war sauber, die Wäsche war weggepackt, und sogar die Klorollen waren neu. »Es ist seltsam«, sagte mein Sohn, »wenn ihr nicht da seid, ist das viel einfacher.« Weil er sich verantwortlich fühlte, und weil das, was er tat, eine unmittelbar sichtbare Wirkung auf sein Leben hatte.

## Stressige Umgebungssituationen

Hunger, Müdigkeit, Bewegungsmangel oder fehlende Selbstwirksamkeit sind basale Gründe, die in Familien zu Unstimmigkeiten führen können und meist vergleichsweise leicht zu beheben sind. Anders sieht es aus, wenn der Stressauslöser nicht unserer unmittelbaren Kontrolle unterliegt oder schlicht nicht so schnell behoben werden kann. Dazu gehören zum Beispiel Trennungen der Eltern oder auch Streit mit den Großeltern oder der Eltern untereinander. Auch Umzüge können Kinder belasten, selbst wenn es nur ein Umzug innerhalb derselben Stadt ist.

In all diesen Situationen ist es wichtig, sich vor Augen zu halten, dass das Kind am allerwenigsten dafür kann. Es ist das schwächste Glied in der Kette. Es bedarf der Hilfe von Erwachsenen.

Unglückliche, gestresste Kinder sind nicht immer leicht um sich zu haben. Aber ganz besonders dann ist es wichtig, dass Erwachsene sich in ihre Perspektive versetzen und wirklich zu verstehen und zu *fühlen* versuchen, warum das Kind sich »daneben« benimmt.

## Clash of worlds

Haben Sie den Film *Avatar* gesehen? Der Film bezieht einen Großteil seiner Spannung daraus, dass zwei vollkommen gegensätzliche Welten aufeinandertreffen, die sich nicht nur hinsichtlich ihrer Werte unterscheiden, sondern auch im Hinblick auf ihre Denkweise. Die Handelnden *wollen* sich teilweise nicht nur nicht verstehen, sie *können* es nicht, schlicht, weil sie von vollkommen unterschiedlichen Grundannahmen ausgehen.

In vielerlei Hinsicht stehen Familien, die im unterstützenden Modus leben, vor einer ähnlichen Herausforderung wie die Figuren im Film. Wir treffen auf eine Welt, die uns nicht verstehen kann, weil sie zum Teil von ganz anderen Annahmen ausgeht. Bis zum sozialisierenden Modus ging man als Gesellschaft ja davon aus, dass das Kind zurechtgebogen werden musste, um bestimmte Normen zu erfüllen, und dieses Gedankengut ist immer noch tief in den Institutionen und Köpfen verwurzelt.

Im unterstützenden Modus schrauben wir erstmals nicht an unseren Kindern herum, sondern nehmen an, dass sie von Grund auf *gut* und *richtig* sind und dass wir eher darauf achten sollten, dass unsere Welt lebenswert ist, nicht nur für unsere Kinder.

Familien im unterstützenden Modus treffen auf eine Welt im sozialisierenden Modus: Die unterschiedlichen Grundannahmen führen zu Missverständnissen, ohne dass einer der Beteiligten es böse meint. So wie es mit meinem Freund Robert geschah, als ich von diesem Buch erzählte, und er im Kopf sofort das Verhalten seines Neffen damit koppelte. Oder Carsten, der sofort dagegenhalten musste mit: »Aber es *gibt* kleine Tyrannen!«

In der einen oder anderen Form kennen das alle Eltern.

»Man kann Babys nicht verwöhnen« – »Die müssen rechtzeitig lernen, dass sie nicht allein sind auf der Welt.«

»Natürlich schläft das Baby bei uns.« – »Jaja, da werden dann so kleine Tyrannen draus.«

»Ich bestrafe meine Kinder nicht.« – »Die Kinder heute halten nichts mehr aus. Uns haben Strafen auch nicht geschadet.«

Und so weiter.

Und so weiter.

In dem Augenblick, in dem man den Mund aufmacht, um zu sagen, dass man nicht bestraft oder sinnlos herumerzieht, werden ganz schnell Assoziationen von brüllenden, widerborstigen, »außer Kontrolle« geratenen Kindern wachgerufen. Als hätten Strafen und Respektlosigkeiten jemals zu etwas anderem geführt als Wut, Frustration und Hilflosigkeit. Und als hätten andersherum Sanftmut und Freundlichkeit je jemandem geschadet.

Das ist die Situation, in der sich viele Eltern heute befinden. Schulen, Kindergärten und viele andere Orte, an denen sich Kinder aufhalten, operieren immer noch nach den alten Standards. Und dann kommen Kinder, die herumzappeln und sagen: »Wissen Sie was, ich finde Mathe langweilig.« Natürlich haben Kinder das zu allen Zeiten gesagt, aber bisher wurden sie nicht oft gehört, und vielleicht haben sie es auch nicht so laut und deutlich gesagt. Oder Kinder, die lieber auf der Mauerkrone als auf dem Weg entlanggehen wollen, weil der ihnen zu langweilig ist. Oder die irgendetwas anderes tun, was Kinder zu allen Zeiten getan haben.

*Wenn man Kinder hinsetzt und Stunde für Stunde niedere Schreibarbeiten machen lässt, braucht man nicht überrascht zu sein, wenn sie anfangen zu zappeln, wissen Sie? In den meisten Fällen leiden Kinder nicht unter einer psychologischen Störung. Sie leiden an … Kindheit.* Sir Ken Robinson

Also, was tun wir?

Ich fürchte, es gibt an dieser Stelle wenige Optionen, die von Eltern nicht ein gewisses Maß an Stärke verlangen. Viele der Menschen, die in den Institutionen, in denen es um Bildung, Betreuung, Erziehung unserer Kinder geht, arbeiten, stehen der klaffenden Lücke zwischen dem Alten und dem Neuen hilflos gegenüber. Sie wollen das Alte nicht mehr, und oftmals dürfen sie das Neue noch nicht, oder sie haben Angst, dass das »Experiment« dann missglückt. Das sind die Menschen, mit denen wir als Eltern sprechen können.

In Elterngruppen oder Diskussionen sehe ich immer wieder ein Problem: »die« gegen »uns« – der Lehrer oder die Erzieherin wird zum verständnislosen Feind gezeichnet. Vielleicht sind diese Personen das in Einzelfällen, das vermag ich nicht zu beurteilen. Meine Erfahrung diesbezüglich ist jedoch, dass ein freundlicher, offener Dialog immer hilfreich ist. Wenn ich davon ausgehe, dass *wir zusammen* – du Lehrerin oder du Erzieher und ich Elternteil – das Beste für dieses Kind wollen, ist die Basis eine ganz andere, als wenn ich davon ausgehe, dass »die« sowieso mein Wunderkind nicht verstehen.

Ab einem bestimmten Punkt ist es auch wichtig, dem Kind zu vertrauen, dass es sein Leben inklusive aller Stolpersteine schon bewältigen wird. Hier und jetzt in dieser rauen Welt. Eltern können präsent sein und sich anbieten, ihre Hilfe zur Verfügung stellen, aber letztlich ist niemandem gedient, wenn wir voreilig und unnötig jedes Steinchen aus dem Weg räumen. Sie kommen klar, ehrlich. Sie sind stark.

Es braucht einfach noch eine oder zwei Generationen, bis sich die trägen Systeme unserer Gesellschaft vollkommen auf ein neues Miteinander eingependelt haben. Bis dahin müssen wir Geduld haben, weiterlieben, vertrauen, auch wenn es manchmal schwerfallen mag.

## Was wir tun können

Alte Denkmuster treffen neue Denkmuster: Um mit dieser Herausforderung besser umgehen zu können, gibt es mehrere Lösungsansätze.

1. **Gnadenlose Ehrlichkeit mit sich selbst**

Dieses ist der wichtigste und zugleich vielleicht der schwierigste Schritt. Wenn ein Kind »im System« aneckt, ist von Eltern absolute Ehrlichkeit gefragt, vor allem sich selbst gegenüber.

Zunächst lohnt es sich, im eigenen Umfeld zu gucken und sich verschiedene Fragen zu stellen. Ist das Kind »satt«? Hat es all die Liebe – und auch die Orientierung! –, die es braucht, um sich die Welt da draußen zu nehmen und das Beste draus zu machen?

Haben wir als Eltern genug Unterstützung und selbst ein haltendes Umfeld? Wenn Eltern sich permanent selbst im Kampf mit der großen bösen Welt befinden, wird es umso wahrscheinlicher, dass das Kind das ebenso tut.

Und letztlich: Wie sieht es mit dem hausgemachten Stress aus? Ist das Kind vielleicht außerhalb der unvermeidbaren Schul-/Kindergartensituation zu verplant?

2. **Wenn möglich: geeignetere Strukturen suchen**

Nicht in allen, aber doch in vielen Fällen gibt es Alternativen oder Ergänzungen zum staatlichen Bildungssystem. Ein sehr bewegungsfreudiges Kind ist vielleicht im Waldkindergarten gut untergebracht, falls es einen in vertretbarer Nähe gibt. Möglicherweise kann man auch im ganz normalen Kindergarten vor Ort einen Waldtag/Parktag/Feldwaldwiesentag initiieren. Oder eine Draußengruppe an Nachmittagen.

Etwas herausfordernder wird es, wenn das Kind nach deutscher Rechtsprechung »schulpflichtig« wird. Denn auch dann gibt es immer noch die Kinder, die sich bewegen müssen, um denken zu können, die lieber selbst erforschen statt erklärt zu bekommen, oder die aus irgendwelchen anderen Gründen nicht ins System passen. Grundsätzlich wäre es hier natürlich sinnvoller, das System an die kleinen Menschen anzupassen als andersherum, aber Systeme sind, wie gesagt, träge. Es gibt eine wachsende Anzahl von Familien, die Deutschland verlassen, um ihre Kinder in Ländern großzuziehen, in denen es keine rigide Schulpflicht gibt wie bei uns, doch diese Lösung ist nicht für jedermann geeignet. Nicht alle wollen Haus, Hof und Heimat hinter sich lassen.

Was aber tun, wenn das Kind in der Schule jeden Tag kleiner, blasser und unglücklicher wird? Meine Freundin Nina hat ein sehr »kinetisches« Kind. Sie ist in der glücklichen Lage, freiberuflich zu arbeiten, und sie erreichte es nach langen Gesprächen mit Lehrerin und Schulleitung, dass ihre bewegungsfreudige Tochter für eine gewisse Zeit von der Schule freigestellt wurde. Nach dieser Atempause von einigen Monaten konnte die Kleine wieder gestärkt in den Unterricht gehen und kommt seither prima klar. (Für Nina war die Schule nie der Feind; für sie war immer klar, dass alle Erwachsenen um das Kind herum *gemeinsam* eine Lösung finden müssen.)

Auch viele normale staatliche Schulen denken langsam um – und treffen dann manchmal auf Probleme ganz anderer Art. An der Integrierten Gesamtschule, die mein Sohn besucht, gibt es beispielsweise bis zur neunten Klasse keine Noten, und ein großer Teil des Unterrichts in der fünften und sechsten Klasse bestand aus Gruppenbildung und der Entwicklung sozialer Fähigkeiten. Für einige Eltern war das ein großes Problem. Wie konnten sie sicherstellen, dass ihr Kind auch etwas lernt, dass es später im Leben wettbewerbsfähig sein würde? An der Stelle hatte ich keine Angst, aber ich kenne diese Ängste natürlich auch. In die Kontrollwütigkeit des alten sozialisierenden Modus zu fallen, hilft dagegen nicht. Zurücklehnen. Vertrauen. Das ist das einzige, was hilft. Zusammengefasst lässt sich also sagen: Wenn Eltern die Kinder stützen und sehen, sich selbst Fehler zugestehen und bereit sind, diese auszuräumen, ist auch an dieser Stelle schon viel getan. Wenn sie dazu noch davon ausgehen, dass alle Beteiligten in einer Situation ihr Bestes geben und das Beste wollen (nur möglicherweise unterschiedliche Vorstellungen davon haben, was das sein kann), ist der Weg bereitet für ein gutes, gesundes Miteinander.

Seid stark und liebt, was das Zeug hält. Dann können irgendwann Kinder heranwachsen, in deren Repertoire Gewalt überhaupt nicht vorhanden ist, die frohgemut und ungebrochen auf die Welt zugehen und ihr ihr ganz eigenes Geschenk darbringen. Wer von vornherein darauf »programmiert« ist, dass die Welt ein freundlicher Ort ist, wird alles geben, um sie als solchen zu erhalten, bunt und angstfrei.

# Ganz praktisch: Leben ohne Tyrannenangst

Fassen wir zusammen. Im Vergleich zu früheren Generationen stehen wir vor lediglich zwei großen Herausforderungen.

1. Wir versuchen erstmals generationsweit, unsere Kinder mit ihren Bedürfnissen zu sehen und ihnen authentisch unsere Grenzen zu kommunizieren, anstatt aufgrund nicht hinterfragter Regeln an ihnen herumzuerziehen.
2. Wir leben in einer digitalisierten Welt, die es vorher nie in dieser Form gab und die uns vor Probleme stellt, die es ebenfalls vorher nie gab.

Keins dieser beiden Themen ist dadurch zu lösen, dass wir Eltern und Kinder schwächen und nach mehr Zucht und Ordnung schreien. Die alte Welt ist nicht die Antwort. Die alten Werte sind nicht die Antwort.

Was können wir tun, wie könnte die Antwort aussehen? Vor einiger Zeit hatte ich die Gelegenheit, ein Gespräch mit dem Journalisten Michael Mendizza zu führen. Michael betreibt seit Jahren die Website *touchthefuture.org*, wo er Videos und Interviews mit vielen der großen Wegbereiter der »neuen« Elternschaft zur Verfügung stellt: mit Jean Liedloff, James Prescott, Gabor Maté und vielen anderen.

Auszüge unseres Gesprächs möchte ich an dieser Stelle gern mit Ihnen teilen.

»*Welchen Herausforderungen stehen wir heute gegenüber?*«

Michael Mendizza: »Wir leben in einer neuen Welt, in einer neuen Kultur, einer neuen Gesellschaft. Alles hat sich verändert. Das bedeutet, dass wir neu definieren – oder neu erfinden – müssen, was es bedeutet, Eltern zu sein. Keins der alten Modelle ist heute noch geeignet. Wir können unsere Kinder nicht so aufziehen, wie wir aufgezogen wurden oder wie unsere Eltern aufgezogen wurden, und ganz bestimmt können wir sie nicht aufziehen, wie unsere Großeltern aufgezogen wurden. Das ist aber so Tradition gewesen. Tu anderen das an, was dir angetan wurde. *(Lacht.)* Aber das ist nicht länger angebracht. Und es ist das erste Mal in der Geschichte, dass die Unterschiede zwischen den Generationen so schnell so groß geworden sind.

Die gute Nachricht ist: Wir sind gezwungen, neu zu erfinden, was es bedeutet, Eltern zu sein. Wie machen wir das? Wie sieht das aus? Was bedeutet es, in dieser ›schönen neuen Welt‹ Eltern zu sein? Darauf können wir jetzt ganz neue Antworten finden.«

*»Okay. Wie also machen wir das?«*

»Zuerst müssen wir zu dem zurückkehren, was ich Kernkompetenzen nenne. Nicht Wissen! Wissen, Daten und Informationen sind nur Rezepte. Natürlich brauchen wir aktuelle Informationen, aber die genügen nicht.«

*»Können Sie ›Kernkompetenzen‹ definieren?«*

»Wir müssen beobachten – tatsächlich ohne Hintergedanken und Erwartungen *sehen*, was unsere Kinder tun.«

*»Das ist eine ziemliche Herausforderung, wirklich ohne Erwartungen zu sehen.«*

»Wenn wir Erwartungen haben, sehen wir nicht das Kind, sondern nur uns selbst, während wir vergleichen und das Kind beurteilen, um zu gucken, ob es unsere Erwartungen trifft. Wir müssen die Fähigkeit kultivieren, das Kind ohne unsere eigenen Vorstellungen zu sehen, ohne unsere Ängste, ohne es belehren oder kontrollieren zu wollen. Das meine ich mit der Fähigkeit zu beobachten – wie ein Wissenschaftler beobachten würde. Der Wissenschaftler beobachtet die Bakterien in seinem Versuchsaufbau und sagt nicht ›Oh nein! Ihr macht das nicht richtig!‹. Es schaut sich die Petrischale einfach an und sieht, was passiert.

**Beobachten** ist eine Kernkompetenz. Eine weitere ist **Verzauberung** – in einem Zustand der Verzauberung zu sein. **Neugierde** ist eine Kernkompetenz. **Vorstellungskraft** ist eine Kernkompetenz. Vorstellungskraft ist die Fähigkeit, ein inneres Bild von etwas zu erschaffen, das für die Sinne nicht vorhanden ist. Kernkompetenzen sind angeboren und jede von ihnen muss entwickelt werden, bevor sie nützlich sein kann. Wir müssen diese Fähigkeit, uns etwas vorzustellen, wachsen lassen, ein Leben lang weiter wachsen lassen. **Flexibilität** ist noch eine Kernkompetenz. Mit einem Kind, das sich jeden Tag verändert, müssen wir ziemlich flexibel sein. **Humor** ist eine Kernkompetenz. Weitere sind **Zuneigung, Vertrauen, Zugehörigkeit.**«

*»Sagen wir, jemand versteht die Theorie und möchte seine Kernkompetenzen entwickeln. Genügt die gute Absicht? Zieht uns die Konditionierung nicht wieder runter?«*

»Wenn Sie eine Bindung zu Ihrem Kind haben, dann wird die Fürsorge und Liebe, die in der empathischen, verbundenen Beziehung liegt, Sie aufwecken. Die Zuneigung, die Sie empfinden, der liebevolle Wunsch, diesem neuen kleinen Menschen – diesem so strahlenden, wundervollen Kind – ›nichts Böses anzutun‹, genügt, um Sie aus Ihrer Konditionierung herauszubringen. Denn wenn Sie unter Wasser bleiben, dann werden Sie dieses Kind verletzen, das sich Ihrer Führung anvertraut. Also müssen Sie – wenn Sie das Kind lieben – mehr Aufmerksamkeit in den Augenblick bringen. Die Liebe zwingt Sie dazu, mehr Aufmerksamkeit zu erzeugen.

Sie haben jetzt die Möglichkeit dazu, Ihr gesamtes Leben umzuformen, während Sie diesem Kind Tag für Tag begegnen. Sie haben jetzt das Potenzial für Gesundheit, das Potenzial, neue Muster zu erkennen, neue Dinge zu sehen. Ihre Kernkompetenzen sind reaktiviert, aus Liebe und Zuneigung heraus. Sie können beobachten. Sie stecken nicht in reflexhaften Gewohnheiten fest.

In einem Zustand des In-Beziehung-Seins werden Sie und das Kind wie Improvisationstänzer, die gegenseitig die Führung voneinander übernehmen und sich gemeinsam bewegen, tanzen.«

In dem Interview mit Michael Mendizza ging es viel um die innere Einstellung, die Metaebene sozusagen. Und meiner Erfahrung nach ist das auch die wichtigste Ebene, auf der Eltern große Veränderungen bewirken können.

Natürlich können wir dennoch im Außen ein paar Dinge beachten, die uns das Familienleben einfacher machen und uns nachhaltig von der Tyrannenangst befreien.

Ich kann Ihnen nicht sagen, wie Sie mit Geschwisterstreit umgehen oder Konflikte beim Zähneputzen vermeiden, das ist auch nicht Aufgabe dieses Buches. Worin ich aber wirklich gut bin, ist, eine positive Einstellung zu Kindern und dem Leben insgesamt zu entwickeln, die zu mehr Gelassenheit und Fröhlichkeit führt. Hier also noch einmal die Tipps aus diesem Buch praktisch zusammengefasst.

## Vertraue.

Mit dem Vertrauen, das wir als Eltern in unsere Kinder haben, steht und fällt alles. Vertrauen ist essentiell, und gleichzeitig ist es einer der Punkte, die den unterstützenden Modus am meisten vom sozialisierenden unterscheidet. Viele der gesellschaftlich verankerten Erziehungsideen sind bei genauer Betrachtung in Angst begründet. Angst, dass das Kind später nicht klarkommt, Angst, dass die anderen Eltern denken könnten, wir hätten die Sache nicht im Griff, Angst vor allem Möglichen. Das Revolutionäre ist, dass wir uns langsam von dieser Angst lösen.

Natürlich haben Eltern schon lange das Beste für ihre Kinder gewollt, nur ist unsere Vorstellung davon, was dieses Beste ist, heute eine andere als vor fünfzig Jahren. Gingen Eltern im sozialisierenden Modus in ihrem innersten Kern davon aus, dass das Kind zurechterzogen werden muss, um in der Welt glücklich und erfolgreich sein zu können, sehen die meisten Eltern das heute anders. Wenn die Unsicherheit und damit der Ruf der alten Zeit zu stark wird und die vertrauten Muster durchbrechen wollen, hilft es, sich immer wieder vor Augen zu halten: Mit Vertrauen kommen wir weiter als mit Angst. Dieses Kind ist aus sich selbst heraus gut, es will lernen, es will leben, und es tut jederzeit sein Bestes – auch wenn das für uns nicht immer sofort erkennbar ist.

## Sieh das Gute!

Vertrauen zu haben, ist einfacher, wenn wir bewusst das Gute nicht nur voraussetzen, sondern sehen, gezielt sehen. Ganz besonders in den Phasen, in denen es anstrengend wird.

Der Dreijährige mag mit seinem ewigen »Warum« nerven, aber er fragt, weil er die Welt verstehen will und weil er seinerseits voller Arglosigkeit und Vertrauen ist, dass die ihm liebsten Menschen ihm den Zugang zu ihr erleichtern.

Die Zehnjährige ist vielleicht anstrengend, wenn die Küche nach ihrem ersten Kuchenbackversuch aussieht, als wäre eine Horde Rhinozerosse durch den Raum getobt, aber – hey! – sie hat Kuchen gebacken.

Auch wenn die Sechsjährige, wie es mir einmal geschehen ist, mit ihrem kleinen Bruder Autofahren spielen will und dabei den Gang löst, sodass das Auto aus der Einfahrt rollt, ist das kein böser Wille. (Ich schwöre es! Ich wollte nur einfach spielen!)

In all solchen Situationen können wir Eltern uns entscheiden, was wir sehen wollen – und wie wir reagieren. Als mein Sohn zwölf war, hatte ich gerade die Geschichte einer Mutter gelesen, deren erwachsene Söhne ihr gestanden, wie sie sich als Teenager einen Spaß aus dem Wettbewerb gemacht hatten, wer sie zuerst auf die Palme bringt. Als mein Sohn einmal so tat, als sei er absolut unkooperativ, erzählte ich ihm davon und sagte: »Ich habe den Eindruck, das tust du gerade, oder? Du versucht, herauszufinden, ab wann ich schreie.« Er grinste und sagte: »Joa.« »Vergiss es«, habe ich geantwortet. »Das Spiel kannst du allein spielen. Ich werde das nicht mitspielen. Und ich will trotzdem, dass die Wäsche jetzt hier wegkommt.« Wir lächelten uns an, er räumte seine Wäsche weg, und alles war gut. Das Entscheidende dabei war, dass ich mich weder persönlich angegriffen gefühlt noch ihn meinerseits attackiert habe. Niemand zwingt uns zu schimpfen und uns aufzuregen. Wir haben immer die Wahl.

# Nimm nichts persönlich.

Angemessen zu reagieren ist generell einfacher, wenn Eltern das Leben nicht allzu persönlich nehmen. Wenn etwas nicht rund läuft, ist das kein persönliches Versagen, und wenn das Kind nicht »spurt«, ist es kein persönlicher Angriff.

Verabschieden Sie sich vom »Projekt glückliches Kind«, falls Sie dazu neigen. Meine Freundin Kaja hat dafür eine einfache Lösung gefunden. Ihre Tochter war von Geburt an ein Kind, das eher kritisch in die Welt schaute, und anstatt sich zu verbiegen und ihre eigenen Grenzen und die ihrer Tochter zu überschreiten, ging Kaja irgendwann dazu über, in ihrer liebevollen und fürsorglichen Art zu fragen: »Ich habe den Eindruck, dir geht es nicht gut. Gibt es irgendetwas, das ich dir gerade geben kann?« Manchmal sagte die Tochter dann Dinge wie: »Du kannst deine Hand auf meinen Bauch legen«, aber es kam auch vor, dass sie fauchte: »Du kannst mich einfach in Ruhe lassen.« Natürlich war diese Antwort für Kaja das erste Mal nicht leicht zu verdauen, aber Mutter und Tochter fanden schnell einen Umgang mit dem Thema, der für beide zufriedenstellend war. So blieben alle Grenzen gewahrt, und die Tochter wusste, dass ihre Mutter für sie da war, wenn sie sie brauchte.

## Frag nach: Warum?

»Der muss jetzt aber mal langsam durchschlafen.«

»Im Elternbett zu schlafen geht gar nicht!«

»Also, die Kleine sollte wirklich lernen zu essen, was auf den Tisch kommt.«

»Der muss aber sein Spielzeug auch mal abgeben!«

Die Liste kann beliebig fortgeführt werden. Die meisten Eltern kennen diese Sprüche von Verwandten und Bekannten. Eine wunderbar elegante Antwort darauf ist ein lächelndes: »Warum?«

Versuchen Sie das mal. In der Regel fällt dem Gesprächspartner – falls er oder sie überhaupt darauf einsteigt – darauf nichts ein außer: »Das ist eben so.«

Dieselbe Strategie können Sie bei sich selbst anwenden, wenn Sie merken, dass Sie in alte, ungeliebte Muster fallen. Fragen Sie sich selbst: Warum? Warum ist das jetzt wichtig? Sie müssen ja nicht gleich anfangen mit »Was ändert sich am Lauf der Geschichte, wenn das Kind zu spät zum Turnen kommt?«, aber die Zehnjahresperspektive kann durchaus helfen. Was an dieser Situation wird in fünf oder zehn Jahren noch wichtig sein? Dass das Kind rechtzeitig gekommen ist, oder dass wir gemeinsam diese Pusteblume am Weg angesehen haben?

## Wechsle die Perspektive

Wenn Sie mögen, spielen Sie ein Spiel: Wechseln Sie gezielt die Perspektive und »spielen« Sie, Sie wären Ihr Kind. Wie geht es ihm gerade? Warum tut es das, was es tut? Was für einem Erwachsenen steht es gegenüber, und wie fühlt sich das an?

## Nimm an, was ist.

Dieser letzte Tipp ist kurz und sehr zen: Nimm an, was ist.

Manches im Leben können wir nicht ändern, und dann nützt es niemandem, darüber zu zetern und damit zu hadern. Letztlich *sind* Umstände erst einmal nur. Welche Bedeutung wir ihnen zumessen, liegt an uns.

Hoffentlich haben Ihnen diese Tipps ein paar Impulse geben können. Zum guten Schluss möchte ich eine Lanze brechen für den Ungehorsam. Gesunder, freundlicher Ungehorsam kann etwas sehr Fruchtbares sein, das Systeme in Schwung bringt. Die Zeit der Ja-Sager ist vorbei. Lassen Sie uns ein wenig ungehorsam sein und uns auch bei unseren Kindern daran freuen, wenn sie es sind.

# Revolution!

Wissen Sie, warum die Neandertaler ausgestorben sind? Die Wissenschaft ist sich darüber nicht einig. Zumindest eine Theorie besagt, dass sie zu wenig wandlungsfähig, zu dumm und dem einwandernden Homo sapiens unterlegen waren. Eine andere, neuere Theorie hingegen stützt sich darauf, dass in unserem Erbgut immer noch etwa ein bis vier Prozent Neandertaler-DNA zu finden sind. Ihr zufolge ist der Neandertaler schlicht im Homo sapiens aufgegangen, der unter anderem deswegen zum erdumspannenden Erfolgsmodell wurde, weil er enorm anpassungsfähig ist, weil er flexibel ist und weil er im Gegenzug auch in der Lage ist, seine Umgebung passend zu machen.

Mit diesem Gedanken im Hinterkopf würde ich gern noch einmal zu den Dingen zurückkommen, die Menschen über 35 zu Kritik an Menschen unter 18 Jahren veranlasst. Sehr oft hat sie mit Vergleichen zum eigenen Leben zu tun. »Also, *wir* sind damals immer mit dem Rad rumgefahren, wenn wir Freunde treffen wollten. Wir waren die ganze Zeit draußen.« (Ist klar.) »*Wir* haben *immer* im Haushalt mitgeholfen.«

(Jaaaaa …) »Weihnachten haben wir alle gemütlich Spiele gespielt, und keiner hat ins Smartphone geguckt.« (Aber vielleicht in den Fernseher? Oder auf die Uhr, wann die Disco aufmacht?)

Abgesehen davon, dass Erinnerung eine Lüge ist, haben auch wir die Werte unserer Eltern überprüft, bevor wir sie als unsere anerkannten – wie »die Jugend« es immer schon getan hat. Es wäre sogar ziemlich schrecklich, wenn wir uns nicht mit jeder neuen Generation an die neuen Lebensumstände anpassen würden, denn dann gäbe es nur Stillstand und keine Weiterentwicklung. Würde die heutige Jugend von heute kritiklos so weitermachen wie ihre Eltern, Großeltern und Urgroßeltern, dann hätte die Menschheit bald keinen Planeten mehr zum Spielen. Insofern denke ich, können wir dankbar sein, wenn sie neue Wege geht.

Der Untertitel eines beliebten Buches über »Tyrannenkinder« lautet: »Warum wir nicht auf die nächste Generation zählen können«,[63] und ich kann mich beim Lesen nicht ganz entscheiden, ob ich weinen soll über diese ungerechte Verallgemeinerung oder lachen, weil es so unsinnig ist, oder sehr laut schreien: »Hört doch endlich alle mal auf, über die Kinder zu meckern!«

Abgesehen davon, dass dieser Untertitel wieder mal ein ganz grauenhafter Allgemeinplatz ist und als solcher eine Frechheit – auf sämtliche junge Menschen in meinem Umfeld kann ich mich sehr wohl verlassen – *wobei,* bitte genau sollen wir denn »auf sie zählen«? Wenn es darum geht, eine Gesellschaft aufrechtzuerhalten, die diesen Planeten an die Wand gefahren hat? Was genau ist denn die Katastrophe? Dass es nicht mehr genug Menschen gibt, die Investmentbanker werden wollen?

Ganz ernsthaft. Ja, vielleicht gibt es immer mehr Kinder, die »schulunfähig« sind. Vielleicht gibt es weniger blinden Gehorsam. Vielleicht hängen die Kinder heute mit dem iPad auf dem Sofa statt mit dem Micky-Maus-Heft. Aber daraus eine Katastrophe generieren zu wollen, ist weder den Kindern noch der Gesellschaft gegenüber fair.

Tyrannen braucht keiner. Wenn wir uns die aktuelle Lage der Welt ansehen, erscheint mir das ziemlich offensichtlich. Wir haben definitiv mehr als genug davon. Politiker, die nach mehr Härte brüllen, und Menschenmassen, die sie deswegen bejubeln, ungeachtet dessen, wohin uns das als Menschheit bringt. Ich glaube, ich kann guten Gewissens behaupten: Wir sollten zusehen, dass wir nicht noch mehr von der Sorte heranziehen, wenn wir unsere Welt lebenswert erhalten wollen.

Wir haben im Moment wirklich andere Baustellen, als über unsere im Großen und Ganzen durchaus wohlgeratenen Kinder zu jammern. Angesichts eines fiebrigen Planeten, von Speziessterben, Atommüll, Peak Everything und in den nächsten Jahren vermutlich stark steigenden Zahlen von Klimawandelflüchtlingen sollten wir unsere Prioritäten mal schnell neu ausrichten. Ich weiß, dass das bis zu einem gewissen Maß Whataboutism ist – in dem Augenblick, in dem das Kind nicht Zähneputzen will, ist das das größte Problem der eigenen Welt –, aber es lohnt sich dennoch immer, bei allen »kleinen« Problemen die große Perspektive im Blick zu behalten.

Zu meckern und sich zu beschweren, ohne eine tragbare, zukunftsfähige Alternative zu bieten, hat noch nie jemandem genützt. Wir sind heute in der glücklichen Lage, dass wir Zugang zu psychologischen und biologischen Erkenntnissen haben, die Generationen vor uns nicht in dem Maße zur Verfügung standen. Wir können mit dieser Hilfe Visionen entwickeln, wo wir hinwollen.

Ich muss Ihnen an dieser Stelle etwas gestehen.

Es ist mir erstaunlich schwergefallen, dieses Buch zu schreiben. Die ganze Zeit über dachte ich: Es ist doch absolut offensichtlich, dass kleine Menschen, die freundlich behandelt werden, heranwachsen zu großen Menschen, die davon ausgehen, dass die Welt ein freundlicher Ort ist, dem sie ihrerseits freundlich begegnen. Wozu braucht man dafür ein Buch?

Und ebenso offensichtlich ist es, dass die Zeit im Moment von vielen Umbrüchen geprägt ist, die Eltern leicht den Halt verlieren lassen. Erinnern wir uns einfach jeden Tag an den Spruch:

*Dein Alltag ist ihre Kindheit.*

Unsere Kinder haben nur diese eine Kindheit. Und wir haben auch nur diese eine Kindheit mit ihnen. Diesen Tag, diese Stunde. Und diese Zeit ist es wert, gut gelebt zu werden. Mehr Spaß macht es außerdem.

# Anmerkungen

1 Blank, Beatrice: Die Menschen rücken zusammen, ZEIT online, http://www.zeit.de/online/2009/15/opaschowski-wertewandel

2 Marshall Thomas, Elizabeth: *The Old Way: A Story Of The First People*, New York 2006, S.222, Übersetzung der Autorin

3 Spiewak, Martin: Wir sind keine Sorgenkinder, ZEIT online, http://www.zeit.de/2014/38/kindheit-deutschland-erziehung, 24.04.2017

4 Ibid.

5 Paulsen, F.: »Väter und Söhne«, in: *Gesammelte pädagogische Abhandlungen*, Stuttgart/Berlin 1907/1912, S. 537–599

6 Largo, Remo: *Das passende Leben*, Frankfurt 2017, S. 328

7 Ibid., S. 329

8 Bundesministerium für Familie, Senioren, Frauen und Jugend: »Achter Familienbericht. Zeit für Familie. Familienzeitpolitik als Chance einer nachhaltigen Familienpolitik«, https://www.bmfsfj.de/bmfsfj/service/publikationen/zeit-fuer-familie---achter-familienbericht/74968

9 Dornes, Martin: *Die Modernisierung der Seele*, Frankfurt 2012, S. 45f.

10 Bundesministerium für Familie, Senioren, Frauen und Jugend: »Achter Familienbericht. Zeit für Familie. Familienzeitpolitik als Chance einer nachhaltigen Familienpolitik«, https://www.bmfsfj.de/bmfsfj/service/publikationen/zeit-fuer-familie---achter-familienbericht/74968

11 ICSRA (Icelandic Centre for Social Research and Analysis): »The Icelandic Prevention Model«, http://www.rannsoknir.is/en/ipm

12 Young, Emma: »Iceland knows how to stop teen substance abuse – but the rest of the world isn't listening«, http://www.abc.net.au/triplej/programs/hack/iceland-teen-substance-abuse/8208214

13 Bundesministerium für Familie, Senioren, Frauen und Jugend: »Siebter Familienbericht. Familie zwischen Flexibilität und Verlässlichkeit«, https://www.bmfsfj.de/bmfsfj/service/publikationen/7--familienbericht/74010

14 Dornes, Martin: *Die Modernisierung der Seele,* Frankfurt 2012, S. 47

15 Ehre, wem Ehre gebührt. Ich habe mir das Handmodell des Gehirns leider nicht selbst ausgedacht, vielmehr stammt es von Daniel Siegel.

16 Dornes, Martin: *Die Modernisierung der Seele,* Frankfurt 2012, S. 39

17 Schäffer, B.: »Medien«, in: Ecarius, J. (Hrsg): *Handbuch Familie,* Wiesbaden 2007, S 456 – 479

18 Matussek, Peter: Der Mythos von der Erfindung der Schrift, http://www.medienaesthetik.uni-siegen.de/index.php?id=208

19 Louv, Richard: *Das Prinzip Natur,* Weinheim 2012, S. 59

20 Fritzen, Florentine: »Porno statt Lego«, http://www.faz.net/aktuell/gesellschaft/sexualitaet-porno-statt-lego-1411426-p1.html

21 Dornes, Martin: *Die Modernisierung der Seele*, Frankfurt 2012, S. 35
22 Ibid.
23 Ibid., S. 36
24 Louv, Richard: »IMAGINE A NEWER WORLD: A Vision of a Nature-Rich Future, One We Can Create Together«, http://www.childrenandnature.org/2017/05/03/imagine-a-newer-world/
25 Louv, Richard: »BRING DOWN THE BARRIERS: Five Causes of Nature-Deficit Disorder; Five Challenges for the New Nature Movement«, http://richardlouv.com/blog/bring-down-the-barriers-five-causes-of-nature-deficit-disorder-five-challen/
26 Rosenthal, Robert und Jacobson, Lenore: »Teachers' Expectancies: Determinants Of Pupils' IQ Gains«, http://www.indiana.edu/~educy520/readings/rosenthal66.pdf
27 Kaiser, Astrid: »Vornamensstudien«, http://astrid-kaiser.de/forschung/projekte/vornamensstudien.php
28 Richard David Precht über Digitalisierung und Grundeinkommen bei Markus Lanz, 09.03.2017, https://www.youtube.com/watch?v=QipzZMX4zrk
29 Gemeint ist Winterhoff, Michael: *Warum unsere Kinder Tyrannen werden*, Gütersloh 2008. Es steht hier stellvertretend für eine ganze Denkschule.
30 Seide, Katja: »Was ist so schlimm an Winterhoff?«, http://www.gewuenschtestes-wunschkind.de/2015/02/was-so-schlimm-an-michael-winterhoff-warum-unsere-kinder-zu-tyrannen-werden-ist.html
31 Egan, Louise: *Thomas Edison: The Great American Inventor*, New York 1987

32 Erzählt nach: Nielsen, Maja: *Abenteuer! Jane Goodall & Dian Fossey : Unter wilden Menschenaffen*, Hildesheim 2014

33 Erzählt nach Ken Robinson im TED-Talk »Do schools kill creativity?«, https://www.youtube.com/watch?v=iG9CE55wbtY

34 Lin, Joseph: »Top 10 College Dropouts«, http://content.time.com/time/specials/packages/article/0,28804,1988080_1988093_1988082,00.html

35 Robinson, Ken: TED-Talk »Do schools kill creativity?«, https://www.youtube.com/watch?v=iG9CE55wbtY

36 Sweeney, Sarah: »Often, we are what we were«, https://news.harvard.edu/gazette/story/2010/04/often-we-are-what-we-were/

37 Song, Tamarack: »Understanding Our Core Nature Through The Three Archetypes«, http://tamaracksong.org/blog/understanding-our-core-nature-through-the-three-archetypes/, 15.08.17

38 Largo, Remo: *Das passende Leben*, Frankfurt 2017

39 https://de.wikipedia.org/wiki/Diktatur

40 Martin, Dayna: »Returning Home To A Teen Runaway«, http://daynamartin.com/uncategorized/returning-home-teen-runaway/

41 Jiménez, Fanny: »Wie es zu Aggression und Angriffslust kommt«, https://www.welt.de/gesundheit/psychologie/article111444217/Wie-es-zu-Aggression-und-Angriffslust-kommt.html

42 Lindgren, Astrid: *Niemals Gewalt*, Hamburg 2017

43 Fuchs, Sven: »Als Kind geliebte Menschen fangen keine Kriege an«, http://ib.uni-koeln.de/fileadmin/templates/publikationen/aipa/AIPA_4_2012_FINAL_01.pdf

44 Ibid.

45 Lützinger, Saskia et al.: *Die Sicht der Anderen. Eine qualitative Studie zu Biographien von Extremisten und Terroristen* (Polizei + Forschung Bd. *40)*, Köln 2010, S. 28
46 http://www.jaeger.uni-koeln.de/fileadmin/templates/publikationen/aipa/AIPA_2012_4.pdf
47 Kraemer, Horst: *Das Trauma der Gewalt. Wie Gewalt entsteht und sich auswirkt. Psychotraumata und ihre Behandlung*, München 2003
48 Mantell, D. M.: *Familie und Aggression. Zur Einübung von Gewalt und Gewaltlosigkeit. Eine empirische Untersuchung*, Frankfurt 1978
49 Ibid.
50 Weiterführende Forschung zu intrinsischer und extrinsischer Motivation leisteten Richard M. Ryan und Edward L. Deci und leiteten daraus ihre Selbstbestimmungstheorie ab.
51 DeMause, Lloyd: *The Origins Of War in Child Abuse*, http://psychohistory.com/books/the-origins-of-war-in-child-abuse/
52 DeMause, Lloyd: *Über die Geschichte der Kindheit*, Berlin 1979, S. 116
53 Odent, Michel: Geburt und Stillen, München, 2000, S. 88ff.
54 DeMause, Lloyd: *Über die Geschichte der Kindheit*, Berlin 1979, S. 116
55 Auch weitere Forscher haben sich mit der Geschichte der Kindheit und ihren Auswirkungen auf die Gesellschaft beschäftigt, teilweise mit anderen Schlüssen als deMause. Einer davon ist Philippe Ariès. Ein sehr gut recherchierter und durchdachter Artikel dazu findet sich hier: http://kriegsursachen.blogspot.de/2008/12/geschichte-der-Kindheit.hmtl

56 Renz-Polster, Herbert: *Die Kindheit ist unantastbar: Warum Eltern ihr Recht auf Erziehung zurückfordern müssen*, Weinheim 2014

57 Odent, Michel: *Die Wurzeln der Liebe*, Düsseldorf 2001, S. 153

58 Noelle, Scott: »The Canary In the Coal Mine«, https://www.dailygroove.com/canary/

59 Rodriguez, Aida de: »Warum Kinder nicht zum Teilen angehalten werden sollten«, http://elternmorphose.de/warum-kinder-nicht-zum-teilen-angehalten-werden-sollten/

60 Rodriguez, Aida de: »›Mein Kind macht mich so wütend mit seiner Wut!‹ – Was die Wut dir zu sagen hat«, http://elternmorphose.de/mein-kind-macht-mich-so-wuetend-mit-seiner-wut-was-die-wut-dir-zu-sagen-hat/

61 Dornes, Martin: *Die Modernisierung der Seele*, Frankfurt 2012, S. 170

62 Fischer, Klaus: *Einführung in die Psychomotorik, 3. überarbeitete und erweiterte Auflage*, Stuttgart 2009, S. 57

63 Martina Leibovici-Mühlberger: *Wenn die Tyrannenkinder erwachsen werden: Warum wir nicht auf die nächste Generation zählen können*, Wien 2012

Die Essenz von
»artgerecht«
Nicola Schmidt
artgerecht
Das kleine
Baby-Buch
Kösel
Kurz, überzeugend und mit ihrem ganz eigenen Humor erklärt Nicola Schmidt die Essenz von »artgerecht«. Die gute Nachricht: Wer ein paar wesentliche Dinge richtig macht, kann mit seinem Nachwuchs kaum noch etwas falsch machen.
Kösel
www.koesel.de